3년을 꿰뚫어 보는
대한민국 재테크키워드

3년을 꿰뚫어보는

대한민국
재테크 키워드

지은이 **박정일** 기획 **한성출판기획**

21세기북스

머리말

2005년, 직장인들의 가장 큰 소망은 무엇일까?

한 설문조사에 따르면 '재테크와 부의 증대'가 가장 중요한 목표이자 소망인 것으로 나타났다.

저금리와 고령화 시대가 본격적으로 도래함에 따라 합리적인 투자 없이 저축만으로는 서민들의 내 집 마련과 자녀교육비, 노후자금 마련이 점점 힘들어지고 있다. 이러한 분위기를 타고 몇 해 전부터는 일반인들 사이에서도 '부자 되기' 열풍이 유행처럼 번지고 있다. TV, 인터넷에서는 성공한 사람들의 이야기와 부자 되는 방법 등이 선풍적인 인기를 끌고 있다.

하지만 여전히 서민들은 혼란스럽기만 하다. 사람들마다 하는 얘기가 제각각인데다 끝이 보이지 않는 저금리 상황 속에서 어떤 선택이 옳은지 고민되기 때문이다.

특히 돈은 잘 관리하고 불리면 많은 것을 가져다주지만, 한번 탕진하기 시작하면 순식간에 모든 것을 잃을 수 있다는 장단점을 모두 지니고 있어 더욱 그러하다.

지난 한해는 재테크 환경 또한 그리 좋지만은 않았다. 목돈을 만들거나 불리는 것이 쉽지 않은데다 한국은행의 잇따른 콜금리 인하로 예금 금리는 연 3% 대 초반으로 추락했다. 또한 부동산 경기는 잔뜩 움츠려들고 주가는 외국인들만의 잔치인 듯 보였다.

2005년 재테크 시장 또한 지난해와 같이 어려울 것으로 보인다. 그러나 하늘이 무너져도 솟아날 구멍은 있는 법. 재테크 흐름을 면밀하게 분석하고 시기에 맞는 재테크를 한다면 승리의 여신은 당신을 향해 미소 지을 것이다.

그렇다면 을유년에는 어떻게 여윳돈을 굴리는 것이 좋을까?

지난해에 이어 올해도 저금리 기조가 쉽게 바뀌지 않을 전망이다. 불명확한 외부 경제여건 등으로 작년보다 더욱 불투명한 한해가 될 것이라는 분석도 흘러나오고 있다.

그렇지만 이렇게 어려운 때일수록 정면으로 부딪혀 밀고나갈 필요가 있다. 따라서 올해 재테크의 초점은 예·적금에 돈을 묻어두는 기존의 소극적인 방법에서 탈피해 적극적인 투자방법으로 전환하는 것이 좋을 것이다. 달걀을 한 바구니에 담지 않듯, 다양한 투자처로 여윳돈을 분산시킨다면 저금리 시대를 슬기롭게 대처해 나갈 수 있을 것이다.

이 책에서는 이론만을 앞세우는 기존의 재테크 서적들과는 달리 지금 우리가 서 있는 현재의 재테크 시장흐름을 분석하여 독자들에게 정확하게 전달하고자 했다. 또한 2005년 부동산, 주식, 채권 등의 전망과 그에 따른 재테크 방법에는 어떤 것이 있는지 살펴보고, 2005년 뜨는 상품을 전달해 줌으로써 누구나 쉽게 이해할 수 있는 재테크 서적이 되도록 노력했다.

2005년 1월
박정일

목차

2장 | 2005년, 어디에 어떻게 투자할까?

3장 | 2008년 재테크 흐름을 미리 읽는다

4장 | 10년 후에도 통할 재테크 불변의 법칙

5장 | 지금부터 시작하는 세대별 재테크 플랜

2005년 재테크 트렌드를 읽어라

2005년 대한민국 재테크 로드맵

재테크는 큰돈을 버는 기술이 아니라 돈을 모으는 삶의 지혜다. 젊을 때부터 재테크의 로드맵을 그린다면 큰돈을 모을 수 있다. 하지만 재테크의 로드맵은 그냥 그려지는 것이 아니다. 사회 변화의 전반적인 흐름을 파악하고 미리 예측할 수 있을 때 지도를 그릴 수 있다.

그렇다면 한국형 재테크에서 가장 중요한 특징은 무엇이며, 한국의 경제적 상황은 어떻게 변화해가고 있는지, 또 정부의 정책은 어떤 변화를 몰고 올 것인지, 그리고 변화하는 사회는 재테크 전략에서 어떤 수정을 요구하고 있는지 알아야 한다.

먼저 재테크를 위한 투자 포트폴리오 전략을 짤 때 고려해야 할 2005년의 경제상황을 정리해 보자.

2005년 GDP(국내총생산)와 국내기업들의 영업실적은 그 성장세가 다소 둔화된다는 것이 경제학자들과 연구기관들의 중론이다. 다만 미국 연방준비제도이사회(FRB)가 금리를 큰 폭으로 올릴 위험성이 높지 않기 때문에 하반기 정도가 되면 전반적인 수출호조로 국내경제가 강하게 반등할 수 있을 것이라는 의견 또한 지배적이다.

내수경제에서는 소비자 신용상태가 다소 안정세를 보이기 시작할 내년 상반기에 바닥을 찍고 하반기부터는 완만한 성장세가 예상된다. 따라서 2005년의 투자 포트폴리오 전략을 짤 때에는 내수경제 관련 기업에 대한 투자비중을 늘리는 것이 바람직할 것으로 보인다.

그리고 많은 재테크 전문가들이 2005년 상반기에는 주식에 대한 투자비중을 늘리고, 하반기에는 채권에 대한 투자비중을 높여가라고 권한다. 따라서 하반기에 새로운 자금이 생길 경우 50%는 주식형 상품에, 50%는 채권형 상품에 분산 투자하는 것이 바람직하다.

과거 자료를 보면 주식시장이 한 해 동안 부진함을 보인 후에는 다음 3년 동안 평균보다 높아지는 경향을 보여왔다. 시장이 안 좋았다면 그 시기를 횡재를 얻을 수 있는 기회로 역이용하는 지혜가 필요하다. 특히 보수적인 포트폴리오에서 찾아볼 수 있는 대형기업에 대한 투자는 최소화하고 성장세가 강한 기업에 투자를 집중하는 과감한 성장추구형 전략이 필요하다.

채권자산에 대한 투자에서는 투기등급을 최대한 피하고 만기일이 서로 다른 회사채에 분산하는 것이 좋을 것으로 보인다. 투자기간도 가장 먼저 고려해야 한다. 향후 단기간에 자금이 필요할 경우 유동적이며 고정수익이 나오는 단기채권형 상품으로 전환하는 것도 고려해보아야 한다.

2004년 하반기에 들어서 주택가격은 하락세를 면치 못했다. 아파트의 경우에도 2003년 말에 시작된 하락세가 2004년 봄 들어 다소 상승했다가 하반기 이후에 다시 하락세로 돌아섰다. 하지만 2004년 9월을 기준으로 볼 때 2003년 말과 비교하면 아직은 0.3% 정도 상승한 상태에 있다. 다만 전세가격은 하락폭이 매매가보다 컸기 때문에 2004년 9월 기준으로 2003년 말에 비해 0.3% 정도 하락했다.

2005년 부동산 시장에 영향을 줄 수 있는 주요 변수로 거시경제 여건, 금리, 입주량, 정부의 부동산 정책 등을 들 수 있다.

대부분의 국내 연구기관들이 2005년 거시경제 전망을 2004년보다 1% 정도 하락할 것으로 내다보고 있어 내수회복이 미미한 수준에 그칠 것으로 전망하고 있다. 따라서 2004년 들어 급격히 위축된 건설수주 부진 효과가 2005년 2/4분기부터 나타나기 시작함으로써 건설경기가 급격히 위축될 것으로 보인다.

또 2004년 중에 거시경제 회복과 함께 금리가 다소 상승할 것이라는 예상과 달리 2004년 하반기 이후 거시경제가 더욱 침체됨으로써 한국은행은 콜금리를 인하하였다. 2005년에는 금리가 하락할 가능성이 높지만, 변동폭이 크지 않을 것으로 예상되기 때문에 부동산 투자의 저금리 위력은 크지 않을 것으로 보인다.

주택 전세가격 및 매매가격에 큰 영향을 미치는 주택 입주량의 경우 입주 부진 지역이 2005년 들어 그동안 분양 물량이 많던 다른 지역으로 확산될 것으로 보인다. 따라서 거시경제 침체에 따른 구매력 감소와 저금리 효과 반감, 실거래가 제도 정착, 보유세 강화, 아파트 입주량 증가 등으로 가격하락 요인이 집중될 2005년에도 주택가격의 하락세는 지속될 것으로 보인다. 물론 건설경기 연착륙 대책이나 '한국판 뉴딜 정책' 같은 부동산 시장의 호재 요인이나 주택가격 급락을 막기 위한 부분적인 규제 완화도 있겠지만, 10·29 종합대책이 본격적으로 시행되는 단계에서 가격 하락세는 막을 수 없을 것이다. 다만 토지의 경우에는 각종 개발계획에 힘입어 약보합세를 유지할 것으로 보인다.

금융시장 재테크 추이를 결정짓는 요인은 다양하다. 외적으로는 소비자의 욕구 변화와 금융산업의 업무영역에 대한 규제를 들 수 있고, 내적으로는 금융회사의 상품개발 능력과 정보통신 기술의 발전 정도, 그리고 컨설팅 능력 등을 들 수 있다.

이러한 요인들을 바탕으로 2005년 금융시장 재테크의 가장 큰 기본 방향을 요약해 본다면 '기능통합과 안정추구'로 표현할 수 있다. 즉 소비자의 욕구 변화에 따라서 다양한 금융상품을 한 곳에서 구입하는 원스톱 쇼핑이 확대될 전망이며, 금융산업의 업무영역에 대한 규제 완화와 세계 최고수준의 정보통신 기술에 힘입어 기능통합형 금융상품이 재테크의 중심축으로 떠오를 것이다. 다른 금융권역의 상품판매에 제한을 받고 있는 생명보험 및 손해보험은 통합형 상품을 통한 기능 통합에 주력할 것으로 보인다.

2004년 9월 SBS와 매킨지가 공동으로 수행한 '고령화 충격' 이라는 보고서가 인구 고령화에 따라 소비자들이 안정적인 수익률을 보장하는 금융자산을 선호하게 될 것이라는 예상을 내놓은 사실을 주시할 필요가 있다.

눈을 크게 떠라!
불황에도 기회는 있다

2004년 한 해 동안 한국경제는 불황의 깊은 터널을 빠져나오지 못했다. 국민이 느낀 체감경기는 더욱 싸늘하기만 했을 것이다. 이와 같은 불경기 속에서 국민 개개인의 재테크라고 해서 재미를 봤을 리 없다. 재테크 전문가들은 2004년의 우리나라 경제상황에 대해 '재테크의 암흑기'라는 표현을 서슴지 않았다.

은행권의 정기예금 금리는 연 3% 대로 떨어짐으로써 물가상승과 세금 등을 감안했을 때 초유의 마이너스 금리시대를 불러왔다. 국내 내수시장 위축과 해외경제 불안 등으로 인해 변동성이 커진 주식시장은 방향을 잡지 못한 채 700~900 선 사이에서 박스 장세를 보였다. 부동산 경기는 정부의 강력한 부동산 가격 억제정책과 신행정수도 이전 위헌판결에 따른 충격, 부동산 정책의 불확실성, 그리고 경기침체 등으로 인해 최악의 상황에 놓여 있다.

세계경제 또한 국제유가 상승과 각국 금리인상 등의 요인으로 인해 2005년 성장세가 다소 둔화될 것으로 전망되고 있다. 또 중국의 생산과 미국의 소비가 둔화됨으로써 세계경제 성장도 둔화가 예상된다.

이런 가운데 최근 국책 연구기관인 KDI(한국개발연구원)가 2005년의 경제성장률을 사실상 3% 대로 전망하였다. 그런가 하면 LG경제연구원은 최악의 경우라는 가정 아래 한국경제의 성장률이 2% 대로 떨어질 수 있다는 전망을 내놓기도 했다.

이러한 비관적 전망은 경기에 대한 비관론을 확산시킬 가능성이 크다. 성장률이 3% 대에 그친다는 것은 한국경제가 2004년에 이어 2005년에도 침체의 터널을 벗어날 수 없다는, 아니 그 터널이 더 깊고 어두워질 수 있다는 의미다.

그렇다면 현재 불황과 위기의 그림자를 걷어내고 수익을 최대화할 수 있는 재테크 전략은 어떤 것이어야 하는가.

첫째, 가장 먼저 절세 방법을 고려하면서 포트폴리오를 짤 수 있는 방법을 생각해야 한다. 높은 이율의 상품에 가입한다고 해도 세금우대를 받지 못하면 수익률은 오히려 더 떨어질 수 있다.

둘째, 경제상황이 어렵고 변동성이 큰 시장 상황에서는 어느 한 곳에 집중 투자하기보다 분산투자를 통해 위험을 낮추는 전략이 필요하다. 저금리 시대인 만큼 일정 부분 적극적인 투자를 통해 수익을 높이려는 노력도 있어야겠지만 이때에도 직접투자보다는 금융상품을 통한 간접투자를, 여유자금을 한꺼번에 투자하기보다는 자금을 분할해 수차례에 걸쳐 투자하는 분할투자가 효과적인 전략이다.

셋째, 수익률을 낮춰 잡고 짧게 베팅해야 한다. 미국의 지속적인 금리 인상 가능성, 고유가 파동, 전 세계적인 테러 위협, 중국의 긴축정책 실시, 국내 경기회복의 불투명성 등으로 인해 국내경제는 언제 요동칠지 알 수 없는 불확실성을 안고 있다. 이런 상황에서 높은 수익을 노리고 잘못 투자에 나섰다가는 낭패를 보기 십상이다. 항상 국내외의 변수를 주시하면서 상황변화에 신속하게 대처할 수 있는 준비를 해두어야 한다. 따라서 여유자금을 1년 이내로 짧게 굴리는 것이 바람직하다

가령 MMF(머니마켓펀드), MMDA(수시 입출금식 예금), CMA(어음관리계좌) 등과 같이 한 달 정도 돈을 맡겨두기에 적합한 상품을 이용하는 것도 좋은 방법이다. 이 상품들은 고객이 필요할 때 언제든지 입·출금할 수 있어 며칠을 맡겨도 정기예금 수준의 이자를 지급받을 수 있다. 다만 주식시장은 중장기 전망이 긍정적인 만큼 길게 보는 투자가 바람직하다.

넷째, 틈새 전략을 적극 활용해야 한다. 주식과 채권시장마저 불안한 요즘 대부분의 금융기관들은 리스크를 피하면서 수익도 안정적으로 거둘 수 있는 다양한 틈새상품을 개발하고 있다. 우선 눈에 띄는 상품으로는 해외증시에 투자하는 주식형 펀드 상품이다. 은행이 자산의 95% 이상을 안전 자산에 투자하고 거기서 나오는 이자를 일본 닛케이지수에 투자하는 상품이다.

또한 부동산 펀드, 연예펀드, 선박펀드 등과 같이 간접투자자산운용업법이 시행된 이후 속속 선보이고 있는 이색 펀드도 관심을 가질

만하다.

다섯째, 주거래 은행을 잘 선택해야 한다. 주거래 은행을 정해 금융거래가 한 곳으로 집중되면 수수료 등의 할인혜택은 물론, 마일리지 적립 등의 혜택도 받을 수 있다. 또 주거래 고객이 되면 예금금리 우대, 대출금리 감면 등의 혜택도 기대할 수 있다.

여섯째, 인터넷 뱅킹과 텔레뱅킹 등 전자뱅킹을 적극 활용해야 한다. 인터넷뱅킹과 텔레뱅킹 이용은 시간을 절약하고, 각종 수수료 등 비용을 최소화할 수 있는 가장 손쉬운 방법 중 하나다.

이상 여섯가지 원칙을 가지고 전략을 짠다면 불황 속에서도 수익을 최대화 할 수 있을 것이다.

주식시장 전망

종합주가지수 1000 포인트 시대 도래

2005년 주식시장은 2004년에 비해 유쾌한 일이 많을 듯하다. 대다수의 증권사들이 종합주가지수가 1000을 돌파할 것이라는 장밋빛 전망을 내놓고 있다. 심지어는 한국을 포함한 신흥시장의 기업가치가 미국과 격차를 좁혀가고 있기에 2009년께에는 주가지수 2500 포인트도 기대할 수 있다고 낙관론을 펼치는 증권사도 있다.

하지만 일부에서는 원화강세에 따른 기업수익성의 악화와 정보기술업의 부진, 외국인의 한국에 대한 투자매력 감소 등으로 인해 700선 이하로 추락할 수 있다는 극단적인 비관론 또한 거론되고 있다.

삼성증권은 성장률 둔화와 기업이익 감소로 해외에서 추가적인 유동성 유입을 기대하기 어렵다는 내용의 '2005년 주식시장 전망' 보고서를 통해 국내외 여건이 그다지 우호적이지 못하다고 지적하고 내년 목표지수를 740~980으로 제시했다. 교보증권도 지수가 700 선까지 빠질 것으로 예상해 낙관론과 비관론이 맞서는 양상을 보이고 있다. 하지만 대세는 낙관론에 더 가깝다.

장밋빛 전망의 근거

그렇다면 증권사들이 국내경기의 침체 속에서도 2005년을 장밋빛으로 전망하는 근거는 무엇일까.

첫째, 우리경제가 안고 있는 구조적인 문제가 2005년에는 어느 정도 해소될 것으로 예상하고 있기 때문이다. 실제로 국내 주식시장의 경우 외국인의 비중이 날로 확대되면서 국내 기관투자가의 설 자리가 점점 줄어들고 있다. 외형적 변화에도 불구하고 수익성 있는 증권 관련 산업과 효율적인 자본시장 구축이 시급한 실정이다.

이러한 문제해결을 위해 정부는 외국과 공정하게 경쟁할 수 있는 대형 금융기관인 '사모주식투자펀드' 활성화와 연기금과 퇴직연금제 도입 등을 계획 중이다. 또 지나치게 세분화되어 있고 규제가 많은 증권 관련 산업의 문제점을 해소하기 위해 겸업화를 진전시키고 업무영역을 확대해나감과 동시에 인프라의 선진화를 위해 다양한 프로그램을 계획하고 있다.

둘째, 매수주체가 누가 되느냐가 2005년 전망에 중요한 평가기준이 되는데 최근에 와서 외국인이 상대적으로 소극적인 데 비해, 개인 및 기관들의 매수세가 증가하고 있다.

한국 주식시장에서 최근 몇 년간(2004년 3/4분기까지)은 외국인 장세(기관이나 개인은 주식을 팔고 외국인은 주식을 매수하여 외국인이 장을 이끄는 상황)에 대형주 장세였다. 그러나 최근에 와서 기관들과 개인들의 주식 매수세가 증가하고 있다. 2005년 증시에서는 풍부한 유동성에 힘입어 개인투자자가 수급주체로 부상할 것으로 보인다. 그동안 국내증시를 마음대로 휘둘러온 외국인들이 미국금리 인상, 불투명한 정보기술(IT) 경기, 한국에서의 주식투자 포트폴리오 조정의 필요성 등으로 적극적 매수에 대한 부담이 높아졌기 때문이다. 반면에 개인투자자는 잉여유동성과 배당매력의 증가, 지수상승 등에 힘입어 활발한 시장참여가 예상된다. 또한 기관투자가들도 개인들의 적립식투자 증가에 따른 투자규모의 확대, 사모투자회사(PEF)와 퇴직연금의 도입, 연기금의 주식투자가 전면 허용되는 등 대형 이벤트가 잇따르면서 기관투자가들의 주식수요도 증가할 것으로 보인다.

셋째, 우호적인 수급여건 또한 2005년을 낙관하는 이유 중 하나다. 연기금 등의 주식투자 확대, 저금리에 더 이상 참을 수 없는 개인들이 위험부담을 감수하고서라도 주식시장에 적극적으로 도전할 가능성이 높다.

그동안 한국인의 대다수가 '고위험·고수익 투자'에 관심을 가졌던 게 사실이다. 하지만 최근 10년여 이상 주식에서 쓴맛을 본 개인들이 몇 년간의 저금리 현상과 다른 투자대상을 찾지 못함으로써 주식투자로 다시 눈을 돌릴 것으로 기대된다. 2005년에 한국경제에 예상치 못한 큰 악재가 부상하지 않는 한 그리고 부동산 시장이 침체를 지속한다면, 주식투자가 새로운 투자대안으로 급부상할 것으로 전망된다.

넷째, 선진국 경기둔화를 어떻게 해석할 것인가 하는 점도 2005년 시장을 전망하는 중요한 요인이 된다. 2005년에는 국제 투자자금의 이동경로가 한국 주식시장에 유리한 방향으로 전개될 것으로 보인다. 국제유동성의 방향을 결정할 비달러자산, 금융자산, 주식, 이머징마켓의 조합은 한국 주식시장에 우호적인 환경을 형성해줄 전망이다.

경기회복 주시하며 투자비중 늘려야

그렇다면 2005년 이러한 주식시장의 전망 속에서 재테크는 어떻게 이뤄져야 할까? 2005년은 단기적인 전망만 보고 투자하기보다는 멀리 내다보고 기다릴 줄 아는 전략이 필요하다. 즉 국내경기의 경우 상반기에는 여전히 투자가 위축되고 수출이 둔화되겠지만, 하반기가 되면 내수와 수출이 좋아져 경기가 회복국면에 접어들 가능성이 높다. 이런 점에서 볼 때 2005년 주식시장은 하반기로 갈수록 강세를 보일 것으로 예상할 수 있다. 하지만 주식시장이 실물시장보다 먼저 움직이는 선행성을 고려한다면 상반기부터 주가에 반영될 가능성도 있다.

결과적으로는 2005년에는 하반기 이후의 경기회복 및 소비경기 개선을 염두에 두고 이전보다는 주식 등 위험자산에 대한 투자비중을 늘려 나가는 것이 바람직할 것으로 보인다. 또 원화강세가 추가로 진행됨에 따라 해외투자 상품의 경우 환율변동에 대한 고려가 필수적이다.

2005년에 경기호조가 예상되는 업종으로는 중국특수의 영향을 받는 조선 · 해운 · 화학과 급속한 고령화 및 복지국자 지향에 힘입은 의료비 지출증가로 성장세가 예상되는 제약업종이 있다. 항공 · 음식료 · 통신 · 은행 · 자동차 · 디스플레이 업종은 2004년에 비해 경기회복이 기대돼 눈길을 돌릴 필요가 있다. 특히 건설업종은 정부의 건설경기 부양에 따른 직접적인 수혜가 예상된다.

이러한 유망 업종 중에서도 2005년 특히 힘을 발휘할 투자종목들이 있다. 2005년의 경우 거래소 종목보다는 코스닥 종목, 대형주보다는 중소형주, 그리고 호재나 테마성 재료를 가진 종목위주로 움직이는 개별 종목 장세가 시현될 가능성이 높다. 따라서 따라서 위성 DMB 관련주 , 쿄토의정서 관련 환경주, 정부의 벤처기업 육성 관련 창투사, 제약주 등 줄기세포 관련주, 실적호전이 기대되는 은행주와 조선업종, 업무영역이 확대되는 증권주, M&A 관련주, 항공주, 건설주 등 일부 내수 관련주 등을 위주로 투자대상을 좁히는 전략이 무엇보다 중요하다.

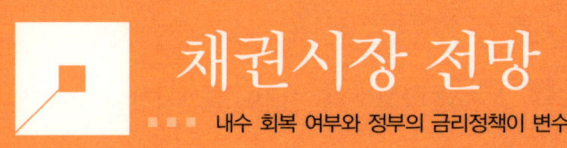

2004년에는 채권 투자수익률이 주요 재테크 상품 가운데 가장 높은 수익률을 실현하였다. 금리인하에다 주식과 부동산마저 침체를 면치 못하면서 마땅한 재테크 수단이 없었기 때문이다. 2004년 1월부터 11월 말까지 주요 채권의 세금공제 전 평균수익률은 7.2%였다.

채권별 수익률은 회사채가 11.5%, 지역개발채권은 5.2%, 국민주택채권은 5%의 수익률을 나타냈다. 주식 간접투자 상품은 수익률 4.4%로 2위에 그쳤고, 은행 정기예금은 3.3%였다.

몇 년 전만 해도 부자들의 투자수단으로만 여겨지던 채권에 일반투자자들이 눈을 돌리고 있다. 채권은 주식에 비해서는 안정성이, 예금에 비해서는 수익성이 상대적으로 높은 투자수단으로 세심한 투자전략만 있다면 충분히 승산이 있는 투자로 꼽힌다.

당분간 저금리의 지속 가능성

그렇다면 2004년의 흐름을 타고 2005년에도 채권시장이 주목을 받을 수 있을까? 최근 10억 원 이상 자산가들을 대상으로 한 조사결과를 보면, 잇따른 부동산 규제책으로 부동산 시장이 매력을 잃어가면서 2005년에는 부동산을 줄이고 채권시장에 여윳돈의 32%를 투자하겠다는 것으로 나타났다.

2005년 채권시장은 2004년과 같이 저금리 추세가 당분간 지속될 것으로 전망된다. 수출지표가 위축되고 소비회복이 가시화되지 않은 상반기 중에 금리상승을 예상하기는 쉽지 않다는 것이다. 상반기까지 금리의 하락추세가 지속된 이후 경기가 회복국면에 접어들면 하반기부터 점진적으로 금리의 상승 반전 가능성이 높다고 할 수 있다. 그러나 이러한 금리상승의 경우에도 경제의 구조적인 문제가 지속되는 한 금리의 상승폭은 제한적일 수밖에 없을 것으로 보인다.

또 예년에 비해 변동성도 확대될 것으로 보인다. 그 이유는 국내경기의 불확실성이 그 어느 때보다 높고, 금융시장에서 한국은행의 금리정책의 효율성이 위력을 발휘하지 못하고 있기 때문이다.

주식 관련 채권으로 승부하라

국내경기는 내수회복이 경기저점을 판가름하기 때문에 소비회복이 2005년에는 가능할지 여부가 중요하다. 수출산업이 점차 국내의 내수흐름과 따로 움직이는 상황에서 내수회복 없이는 경기회복을 기대하기 어렵기 때문이다. 무분별한 신용카드 사용으로 인한 신용불량자 문제 등이 해결 기미를 보이고 있고, 가계 등 경기주체들의 국내경기에 대한 확신이 가시화되면 내수는 완만한 수준으로 회복될 것으로 예상된다.

자금시장의 수급상황은 균형된 수준에서 유지될 것으로 보인다. ABS를 제외한 다른 채권의 감소세는 거의 없고 국공채 등의 증가세는 예년 수준으로 유지될 것이다. 최근 기업들은 금융시장에서 사상 유례가 없는 싼 금리로 회사채 발행이 가능해지자, 경기회복에 앞서 투자자금을 미리 확보하고자 회사채 발행물량을 크게 늘리고 있다.

채권수익률의 움직임과 진폭을 좌우하는 가장 큰 변수는 앞서 말한 대로 경기상황과 정부의 금리정책이다. 경기상황에 따라 정부에서 금리정책을 계속 활용한다면 추가적인 금리인하를 예상해볼 수도 있다. 금리인하가 한 차례로 끝나기보다는 연속적으로 이루어질 때 금리인하 효과가 나타날 수 있기 때문이다. 그러나 지금의 국내경기 상황이 정부의 금리정책이 시장에 먹혀들지 않는, 이른바 유동성 함정에 걸려 있다고 볼 수 있는 측면이 일부 있기 때문에 계속적인 금리인하에는 한계가 있을 것으로 보인다.

따라서 채권투자는 금리전망을 예측해가면서 예금의 대용상품으로 접근하고, 주식시장의 강세진입이 예상됨에 따라 장기적으로는 전환사채(CB), 신주인수권부사채(BW), EB(교환사채) 등과 같은 주식 관련 채권 상품에 관심을 가질 것을 권한다.

부동산 시장 전망

하향안정 또는 보합

2004년 부동산 시장이 얼어붙었다는 데는 모두가 공감대를 형성하고 있다. 정부의 강도 높은 규제책이 시장을 얼어붙게 했으며 경기불황 등이 맞물리면서 전반적인 하락세를 면치 못했다.

2005년에도 이러한 분위기가 계속되면서 당분간은 하향안정 또는 보합세를 유지할 것으로 보인다. 즉 '단기=하락세, 장기=보합세' 라는 것이 전문가들의 일반적인 시각이다. 2005년 부동산으로 돈 벌기가 쉽지 않을 것이라는 우울한 전망이 점쳐지는 데는 경제상황, 주택 입주물량, 정부의 부동산 정책 등 몇 가지 주요 변수가 있기 때문이다.

우선 정부의 규제를 전제로 한 부동산 정책이 가장 큰 원인으로 꼽히고 있다. 무엇보다 내년에는 10 · 29 부동산 대책의 규제책이 사실상 가시화되는 시기다. 또 가계의 구매력 감소로 인한 거래부진으로 여전히 부동산 시장이 침체국면을 벗어나지 못할 것으로 전망된다. 경기회복이 현실화된다면 침체기간이 짧아질 수도 있겠지만 말이다. 공급측면에서 주택 입주물량이 크게 줄어들지 않는 것도 부동산 가격이 상승하지 못하는 악재다.

이를 모두 종합해보면 2005년에는 거시경제 침체에 따른 유효 구매력의 감소, 부동산 규제 제도 시행의 가시화, 아파트 입주물량 증가 등 수급 면에서 볼 때 부동산 가격의 하향안정화는 당분간 지속될 것이다.

이러한 흐름 속에서 부동산 시장을 좀더 구체적으로 전망해보자. 2005년에도 지난해와 마찬가지로 주택가격은 안정화될 것이다. 다시 말해 세금이 무거워지는데다 시장이 실수요 위주로 재편되고 있어 전국 아파트 가격은 소폭 조정되는 보합세를 유지할 것이다. 정부가 올해부터 1가구 3주택자에 대해 양도세를 중과하고 집 부자들에게 종합부동산세를 부과하기로 하는 등 규제정책을 펼치고 있어 투자수요가 일정부분 줄어들 것이다.

따라서 아파트 가격의 경우 상반기까지는 하향안정, 하반기부터는 국내경기의 회복 여부에 따른 규제완화 여부, 주식시장의 활황 여부에 따라 좌우될 것으로 보인다.

만약 주식시장이 활성화되면 부동산 시장에는 어떻게 영향을 미칠까? 단기적으로는 부동산 투자의 대체수단으로 시중자금이 주식투자에 집중될 것이기 때문에 부동산 시장은 수요측면에서 위축될 수 있다. 하지만 주식시장에서 수익을 거둔 사람들이 주식시장의 과열을 보고 이탈 조짐을 보이거나 또 다른 대체수단으로 부동산 시장에 투자할 것이기 때문에 장기적으로는 부동산에 호재로 작용할 수 있다.

토지는 보합 내지 강보합세 예상

2005년에는 토지가 주목할 만한 종목으로 꼽힌다. 지난해에도 다른 부동산 상품과는 달리 강세를 보인 토지는 각종 개발계획에 힘입어 2005년에도 보합 내지 강보합세를 유지할 것으로 보인다.

그 이유로는 크게 ▲아파트만큼 정부 규제정책의 효과가 크지 않아 개발호재가 있는 지역을 중심으로 국지적 가격상승이 이어질 것이라는 점 ▲저금리 상황이 지속되면서 마땅한 대체상품을 찾지 못한 투자자들이 토지시장을 기웃거릴 것이라는 점 ▲고속철도 개통으로 인한 인근지역 개발 열기 ▲지속적인 도로·철도 개통 및 확장 ▲1가구 3주택 중과세와 종합부동산세 신설로 인한 아파트 투자가치 하락 등에 있다.

즉 종합부동산세에 농지·임야 등의 토지가 제외됐고 농지소유 규제도 계속 완화될 것으로 보여 적어도 하락세로 접어들지는 않을 것으로 예상된다.

2005년에 관심을 가져야 할 지역은 경기도 광명시를 비롯해 시흥·송도·영종도·청라 지역, 파주·접경 지역 등이다.

경기도 광명시의 경우 현재는 거래가 활발하지 않지만 고속철도 광명역사 신설로 인한 개발 기대로 토지가격이 상승할 것으로 예상된다.

시흥 · 송도 · 영종도 · 청라 지역은 경제자유구역 지정과 제3경인고속도로 건설이 호재로 작용할 듯. 정부가 남북 간 철도 · 도로 연결사업을 본격화하고 있어 파주 · 접경 지역도 눈여겨봐야 한다. 또한 향후 중장기적으로 개발가능성이 높은 강원도 지역, 기업도시 선정지역, 충청도 지역의 행정수도 후보 인근지역에 대해서도 꾸준한 관심이 필요하다.

토지의 경우 국가적 차원의 개발계획이 있으면서 상대적으로 덜 오른 지역을 중심으로 투자에 나선다거나 인구수요가 많은 지역의 토지에 선별 투자하면 좋다. 또 농지법이 바뀌면서 하반기부터 도시 거주자 등 외지인도 쉽게 구입이 가능한 농지나 임야에도 관심이 쏠릴 것이다. 재산세 세율이 낮아진데다 농지는 도시민들도 농지구입 후 전업농가에게 5년 이상 임대하면 무제한 소유할 수 있게 된다는 점이 매력으로 부각되고 있다. 주의할 점은 농지나 임야 등 토지는 환금성의 제약이 있으므로 여유자금으로 장기투자한다는 원칙을 지켜야 한다.

내 집 마련은 분양원가 연동제 아파트로

분양원가 연동제가 적용되는 신규분양 아파트가 2005년에는 유망할 것으로 보인다. 서울 뉴타운과 판교 및 동탄 신도시 등 분양원가 연동제가 적용되는 택지지구 내 아파트는 20~30%의 분양가 인하효과가 있어 경제적으로 유리하다. 판교 · 동탄 · 김포 · 파주 등 제2기 신도시를 겨냥해 내 집 마련과 시세차익을 한꺼번에 취하는 것도 좋은 재테크가 될 수 있다.

단 분양원가 연동제 아파트의 경우 나중에 소유권 이전등기를 한 후에도 일정기간 전매가 불가능하므로 여유자금으로 투자해야 한다는 점을 잊지 말자. 최근 금융기관의 대출금을 상환하지 못해 경매시장에 나온 물건들이 많다. 경ㆍ공매 시장에도 꾸준히 관심을 가질 필요가 있다.

아파트를 투자목적이 아닌 거주목적으로 구입하려는 사람 중 경제적인 여유가 없는 경우라면 굳이 아파트를 살 필요가 없다. 역발상으로 정부의 임대주택을 겨냥하는 것이 오히려 유리하다. 정부에서 앞으로 임대주택 공급을 크게 늘릴 예정이며, 중대형의 넓은 평수도 공급하기 때문이다.

오피스텔ㆍ상가, 신중히 옥석을 가려라

2005년 오피스텔 시장은 전망이 어두운 상황이다. 오피스텔 공급물량은 증가하고 있고 세금부담까지 늘고 있는 등 악재가 겹쳐 있기 때문이다.

오피스텔을 여러 채 보유하고 있다면 적극적으로 관리가 필요하며, 싼 매물이 쏟아져나온다고 해서 덥석 물어서는 안 된다.

상가투자는 저금리 시대에도 안정적인 임대수입을 올릴 수 있는데다 은행금리 이상의 수익이 기대되는 재테크다. 하지만 2005년에는 상가투자가 대다수 지역에서 고전할 것으로 예상된다. 보통 상가는 경기에 매우 민감한 종목인데 실제 2005년에 경기는 여전히 회복 기미를 보이지 않기 때문이다. 상가가 경기를 가장 민감하게 반영하는 상품인 만큼 불황에서 벗어날 때까지 매수를 자제하는 게 좋다. 특히 일부 상가는 거품이 끼어 있어 투자를 하더라도 옥석을 가려야 한다.

2005년 바뀌는 부동산 제도 알아두면 돈 된다

2005년에는 그 어느 때보다 부동산 정책 및 세제가 대폭 바뀐다. 제도 개편의 정확한 내용을 알고 있어야 2005년 재테크도 원활히 이루어질 수 있다. 월별로 어떤 정책이 바뀌는지 구체적으로 알아보자.

시행 월	주요 내용
1월	· 부동산 거래세율 인하(부동산 거래세율 최고 1.8%P 인하)
	· 1가구 3주택 이상 보유자 양도세 중과 시행
	· 신행정수도 대안 확정(1월말까지)
2월	· 2005년 표준지 공시지가 고시
	· 기업도시 · 지자체신청서 접수(15일까지)
	· 기업도시 · 시범사업지 선정(20일까지)
	· 주택청약제도 일부 개정
3월	· 공공택지 내 전용면적 25.7평 이하 아파트 원가연동제 도입
	· 화성 동탄지구 2단계 분양예정
	· 기업도시 시범사업지선정(20일까지)
	· 무주택 우선공급제도 등 주택청약 제도 일부 개정
4월	· 상가, 오피스텔 후분양제 도입(22일)
	· 주택가격공시제 실시(30일)

4월	· 공동주택 리모델링 증축제한 및 안전기준 강화(증축 가능범위, 전용면적의 30% 이내, 증축 가능 최대범위 30㎡(9.0평) 이내 등) · 2005년 공동주택 기준시가 정기고시
5월	· 2005년 개별지 공시지가 고시(31일) · 양도소득과세표준 확정신고기간 · 종합소득세 확정신고기간
6월	· 성남 판교 시범지구 분양예정 · 종합부동산세 과세대상 확정
7월	· 재건축개발이익환수제, 부동산실거래가 공시 의무화 · 재산세 납부(건물분 재산세 전액, 주택분 재산세 1/2) · 농지법 개정(도시민 5년 이상 임대때 농지 무제한 소유 허용 외)(1일)
8월	· 골프회원권 기준시가 정기고시(1일) · 서울 동시분양 예정
9월	· 재산세 납부(토지분 재산세 전액, 주택분 산세 1/2) · 서울 동시분양 예정
10월	· 서울 동시분양 예정 · 하남 풍산지구 분양예정
11월	· 서울 동시분양 예정
12월	· 종합부동산세 신고/납부(15일까지) · 서울 동시분양 예정

보험상품 전망

투자형 보험상품이 뜬다

사회가 다르게 하루가 변하면서 고령화 문제에 대한 사람들의 관심도 날로 높아지고 있다. 특히 몇 해 사이에 경기불황으로 인해 평생직장 개념이 사라지면서 젊은 층 사이에서도 보험은 이제 필수적인 노후대비 상품이 되었다.

특히 저금리 상황의 지속과 계층 간 소득격차가 갈수록 벌어지면서 국민연금의 주식투자 비중이 확대되고, 적립식 펀드상품이 인기를 끌면서 장기적으로 투자상품을 선택할 필요성이 커지고 있다. 그래서 2005년에는 보험으로도 투자가 가능한 투자형 보험상품이 주목받을 예정이다.

과거에는 위험보장과 재해보장이 보험의 주요기능이었다. 그러나 이제는 길어진 노후를 대비해 보험도 장기투자의 일환으로 전환되는 추세다. 보험은 보통 장기적으로 납입하는 경우가 많아 자연스럽게 장기투자가 되기 때문이다. 즉 납입기간 동안 위험도 보장받고, 장기투자로 투자수익도 높일 수 있으니 이보다 더 좋은 것이 어디 있으랴.

또 경기불황으로 인해 저렴한 보험상품에 대한 관심도 높아질 전망이다. 이에 상대적으로 저렴한 전화나 인터넷, TV홈쇼핑 등을 통한 다이렉트 판매비중이 늘어날 예정이며, 보험상품에서도 보험료가 저렴한 정기보험 및 완전소멸형 암보험, 또는 질병건강보험 등이 인기를 끌 것으로 예상된다.

투자수익도 챙기는 변액유니버설 보험

투자형 보험상품으로 2005년 가장 주목할 만한 보험상품이 바로 변액유니버설 보험이다. 변액유니버설 보험은 보험계약자가 납입한 보험료의 일부를 펀드에 투자해 수익이 나면 보험금을 더 얹어주는 상품이다.

이 보험의 최대 강점은 가족보장이나 자녀 교육비 보장 등의 기능을 하면서도 자신이 직접 선택한 투자형 펀드의 실적에 따라 투자수익도 챙길 수 있는 투자상품의 기능을 동시에 갖고 있어 가족보장과 노후보장이라는 일석이조의 효과를 준다는 것이다. 원금손실의 리스크도 존재하지만 정액보험에서 지급하는 최저사망보험금은 보장되기 때문에 큰 낭패를 볼 일이 없다. 주식시장의 활성화와 맞물려 요즘 같은 저금리 시대에 '딱'인 보험재테크 상품이다.

과거에는 모든 생활보장의 수단으로 많은 사람들이 종신보험을 이용했다. 그러나 경기가 어려워지면서 비싼 보험료가 부담되는 것이 사실이다. 2005년에는 과도한 보험료를 벗어나 순수보장만을 찾는 사람들이 늘면서 정기보험이 그 관심대상이다. 정기보험은 종신보험과 같이 다양한 보장을 받으면서도 보험료가 저렴하다. 실제 보험 선진국들에서도 경기가 좋지 않을 때는 정기보험이 유행했다.

또 '잘 먹고 잘사는 법' 즉 웰빙이 시대적 화두로 떠오르면서 웰빙형 보험도 여전히 주목받는다. 암·뇌졸중 등 치명적 질병에 대한 보장을 해주는 CI보험은 죽어야만 보장을 받았던 종신보험과 달리 치명적인 병에 걸린 상태로 생존하는 경우에 대한 치료비 및 생활에 대한 보장을 해준다는 점에서 선진국형 질병보험으로 불린다.

노후복지와 관련해 2005년부터 시행에 들어가는 기업연금보험 또한 주목할 만하다. 종합적으로 2005년 보험시장은 노후불황과 경기불황을 극복하려는 소비자들이 순수 보장형상품을 좀더 저렴하게 구입하기 위한 발품 팔기와 함께 상대적으로 고가의 투자성 퓨전상품을 통해 저금리를 헤징하고 노후에 대비하려는 소비자들로 양분되는 보험상품 시장의 양극화가 판매채널의 다양화와 함께 더욱 심화될 것으로 보인다.

예금상품 전망

저금리 지속, 대안은 퓨전금융상품

다람쥐는 겨울이 되기 전 한겨울 날 것을 미리 대비하기 위해 알밤을 주워 여기저기 묻어두는 습성을 지니고 있다. 하지만 자기가 묻어둔 위치를 잘 잊어버리는 바람에 다람쥐는 쉬지 않고 여기저기 창고를 만들어 밤을 묻는다고 한다. 일부는 자신의 겨울나기로 쓰고, 또 일부는 자연 속에 비축해놓는 셈이다. 결국은 그것이 나중에 큰 밤나무로 자라 자신은 물론 자신의 후손들도 그 혜택을 받게 된다.

인간의 삶 또한 많이 버는 것도 중요하지만 얼마나 비축하느냐가 풍요로운 삶을 가늠하는 잣대가 될 수 있다. 그래서 우리는 저축만큼 안전한 재테크는 없다는 말을 자주 하고는 한다. 하지만 요즘 같아서는 저축무용론이라는 말이 나올 정도로 실질금리 마이너스 시대다.

이러한 흐름 속에서 맞이하는 2005년에는 금융상품 그 자체보다는 언제, 어떤 상품에 투자해 어느 시기에 이를 현금화하느냐가 더 중요한 요소가 될 것이다. 또 주도적인 투자상품보다 변동성이 큰 시장상황을 고려해 틈새상품이 잇따라 나타날 것으로 전망된다.

절세형 · 퓨전형 상품에 눈을 돌리자

저금리가 지속될 경우 2005년에는 어떤 예금에 투자하면 좋을까? 2005년에는 절세형 상품 · 한시적 특판상품 · 각종 퓨전상품에 관심을 가져야 한다.

첫째, 저금리 시대에 마이너스 수익률을 벗어나기 위해 정기예금 대신 안정성을 추구하는 투자로 주가지수연동형 정기예금이나 환율연동형 정기예금과 같은 퓨전 금융상품을 눈여겨볼 필요가 있다. 이 상품들은 간접투자 상품과 확정금리 상품의 중간 성격을 가진 준투자 상품들로 원금을 안전하게 보장하면서도 정기예금 이상의 수익도 낼 수 있다. 투자에 대한 감각을 익힐 필요가 있는 초짜 투자자에게 좋은 실습용 상품이기도 하다.

둘째, 저금리가 지속되면서 주가지수나 환율연동형 정기예금조차 부담스러운 투자자라면 반짝세일 상품인 특판정기예금을 이용하면 좋다. 특판정기예금이란 은행이 한시적으로 판매하는 금융상품으로 적게는 0.1%포인트에서 0.5%포인트까지 보너스 이자를 지급한다. 그러나 말그대로 반짝세일은 늘 가입할 수 있는 것이 아니므로 거래은행에 대한 정보가 중요하다.

셋째, 저금리를 벗어나기 위해 새마을금고, 상호저축은행과 같은 서민금융기관을 이용하는 것도 좋은 방법이다. 1년짜리 정기예금과 비교해볼 때 1% 이상 높은 이자를 받을 수 있다.

넷째, 저금리가 지속될수록 비과세 상품이나 세금우대 상품을 잘 이용해야 한다. 이자소득에 대해 전액 비과세가 되고 소득공제 혜택이 주어지는 장기주택마련저축, 3천만 원까지 비과세가 되는 생계형저축 등이 있다. 신협 새마을금고의 절세상품도 눈여겨볼 필요가 있다.

다섯째, 투자 상품 또한 2005년 금융시장을 주도할 것으로 예상된다. 주목할 투자상품으로는 적립식 펀드와 시스템 펀드가 대표적이다. 위험은 줄이고 수익은 높일 수 있는 강점을 지닌 적립식 펀드는 2004년에 이어 2005년에도 인기몰이가 예상된다. 주식시장이 상당기간 혼조세를 보일 가능성이 높아 적립식 펀드를 통한 분할투자가 효과를 발휘할 수 있기 때문이다.

목돈을 한꺼번에 투자한다는 점에서 적립식 펀드와 구별되지만 투자금액으로 일시에 주식을 사는 것이 아니라 시장변동에 따라 분할해 투자한다는 점에서 유사한 측면을 지닌 시스템 펀드도 주목대상이다.

2005년, 어디에 어떻게 투자할까?

저금리 시대의 대안, 지수연동 상품

고수익을 예상하고 투자했다가 큰 손해를 본 사람들이 하나같이 하는 말이 있다. "기본적으로 원금을 보장해주면서 때에 따라서는 높은 수익을 얻을 수 있는 상품이 있었으면…" 하는 것이다. 수익률만 높다면 앞뒤 안 가리고 투자를 했다가 원금을 모두 날려버린 사람들에게는 그만큼 절박한 문제가 아닐 수 없다. 하지만 후회해도 이미 늦은 일. 소 잃고 외양간 고치지 말고 미리 원금보장형 상품에 가입하는 것이 현명한 방법이다.

안전성+고수익

지수연동 상품이란 주가지수·환율·금시세 등의 각종 지수의 오르내림에 따라 수익률이 결정되는 상품을 말한다. 예를 들면 이 상품을 상승형으로 가입하면 해당지수가 오르면 더 높은 수익률을 얻을 수 있고, 떨어지더라도 최소한 원금만은 보장받을 수 있다는 점에서 저금리 시대에 입맛 당기는 상품이 아닐 수 없다. 최근에는 원금을 보장하거나 원금 보존을 추구하는 상품보다는 원금손실의 위험이 일부 있지만 수익성이 부각되는 구조가 인기를 끌고 있다. 또 과거 연동기준지수가 대부분 KOSPI200 지수였던 것과 달리 최근에는 개별종목 주가에 연동하거나 해외 주가지수 또는 환율이나 금시세 등에 연동하는 상품도 많이 나오고 있다.

지수연동 상품은 자금의 일정부분을 주식·환율 등과 연계된 파생금융 상품 등에 투자해 지수등락에 따라 수익률이 결정되는 상품으로 은행에서 판매하는 주가지수연동예금(ELD), 증권사의 주가지수연계증권(ELS), 투신운용사의 주가지수연계펀드(ELF)가 있다.

지수연동 상품에서 '원금보장'이란 문구를 사용할 수 있는 상품은 은행이 판매하는 ELD와 증권사가 직접 판매하는 ELS 중 일부가 원금보장 상품인데, 이 문구가 사용된 상품은 주가가 하락하든 상승하든 원금을 보장한다. 반면에 '원금보존 추구'는 전체금액의 대부분을 국공채 등 안전자산에 투자해 채권수익률로 원금보존을 추구한다는 의미로, 최악의 경우 원금손실이 일부 발생할 수도 있다. 그래서 '원금보존'과 '원금보장'의 차이를 제대로 아는 것이 중요하다. '원금보존'이라는 말만 믿고 주가지수연동 상품에 덜컥 가입했다가 낭패를 보는 경우가 종종 있기 때문이다.

만기 때 주가지수를 전망하라

주가지수에 연계되는 상품의 경우 만기의 주가지수에 따라 수익률이 달라지는 상품인 만큼 뭐니뭐니해도 주가전망을 정확히 해야 한다. 현재 주가가 오른다고 무조건 상승형을 선택하기보다는 만기 때의 주가지수를 먼저 예측하고 상품을 선택한다. 또 상품을 판매하는 회사마다 상품구조가 조금씩 다르기 때문에 미리 조건 등을 꼼꼼히 비교한 후에 가입하는 것이 좋다.

중도해지할 경우에는 수수료가 있기 때문에 가입 전 투자기간을 미리 확인해야 한다. 여유자금으로 투자하는 것도 중요하다. 물론 만기에 주가가 크게 오를 것으로 확신하는 경우(또는 내릴 것으로 확신하는 경우)엔 주가지수연동 상품보다는 주식 직접투자나 간접투자(펀드 가입)에 나서는 것이 수익률 면에서 훨씬 더 유리할 수 있다. 하지만 원금손해 가능성까지 생각한다면 쉬운 결정은 아닐 것이다.

고금리 특판상품을 노려라

저금리 시대에 부동산 시장마저 힘 한번 제대로 못 써보고 2005년을 맞이했다. 믿고 맡길 만한 재테크 수단이 없다며 한숨짓는 사람들이 크게 늘어나고 있다는 증거다. 은행예금은 일부 물가 상승률을 고려한다면 실질금리가 마이너스인 셈이다. 하지만 하늘이 무너져도 솟아날 구멍은 있듯이 재테크에도 틈새시장은 있게 마련이다. 바로 은행들이 고객을 끌어들이기 위해 이따금씩 내놓는 '특판상품'이 그것이다.

특판경쟁에는 이유가 있다

은행들이 경쟁적으로 특판예금을 내놓으면서 고금리 경쟁이 출혈경쟁으로 치닫고 있다. 가까운 2004년 12월의 경우에도 한국씨티은행이 통합기념으로 최고 연 4.6%짜리 특판예금으로 순식간에 1조 원을 끌어 모으자, 이에 뒤질세라 하나은행이 4.3% 금리를 내놓았으며 뒤를 이어 국민은행이 가세하고, 다른 은행들도 고객이탈을 막기 위해 특판예금에 동참하면서 치열한 금리경쟁이 벌어진 바 있다.

보통 특판예금이 정기예금보다 금리가 0.5%포인트가량 높아 은행의 입장에서는 수익구조상 손해가 날 수 있다. 그럼에도 은행들이 이 같은 출혈경쟁을 벌이는 이유는 무엇일까?

실제로 은행들의 경우 자금조달 면에서 단기적으로는 비용이 비싸게 먹히는데다, 1년 후 만기도래 때 특판예금 가입자의 특성상 금리를 조금 더 쳐주는 곳으로 이동할 공산이 높아 은행의 입장에서 볼 때 장기 수익원이 되기 힘든 게 사실이다.

그러나 장기수익성과 안정성을 볼 때는 특판예금이 오히려 은행권에 플러스 요인이 된다. 이유인즉, 특판을 통해 잡은 고객을 대상으로 이후 다른 상품의 교차판매가 가능하며, 기존 고객을 잃게 되면 이들을 다시 은행으로 돌아오게 하는 데는 두세 배 이상의 노력이 들기 때문이다. 단순 금리차이로 계산할 수 없는 유무형의 수익이 특판예금에 담겨 있는 셈이라 장기적으로는 더 큰 이득이라고 할 수 있다.

재테크의 틈새시장, 고금리 '특판예금'

특판예금이란 금리를 높여 한시적으로 판매하는 '고금리 예금'으로 은행 등 금융회사들이 기념일, 연말연시 등을 맞아 고객들에 감사하는 차원에서 기존 예금금리에 약간의 이자를 얹어서 판매하는 상품이다. 일반 정기예금보다 더 높은 이자를 주는데다 다양한 부가서비스가 제공되기에 절대 놓쳐서는 안 되는 상품이기도 하다. 재테크할 곳이 없다는 푸념이 쏟아지는 요즘 같은 분위기에서는 특판예금이 효자 노릇을 톡톡히 하는 셈이다.

황금알을 낳는 특판상품이라지만 구입할 때 유의해야 할 부분은 있다. 특판상품은 미리 한도를 정하고 한정된 기간 동안만 판매하는 경우가 많기 때문에 한도소진에 대비하여 판매초기에 가입하는 것이 무엇보다 유리하다.

또 중도해지에 따른 손해 여부와 향후 금리추이를 함께 고려해야 한다. 이미 예금을 갖고 있는 사람의 경우 고금리라는 말에 눈이 번뜩 뜨여 기존에 있던 예금을 깨고 무턱대고 '예금 갈아타기'를 시도하는 경우가 있는데 이는 무척 위험하다. 중도해지에 따르는 손해를 계산하지 않고 특판예금으로 갈아타기를 하면 오히려 손해를 볼 수도 있다.

가입한 지 얼마 되지 않은 예금은 손해가 적어 부담이 작지만, 반대로 가입 기간이 오래될수록 해지로 인한 손해가 크다. 앞으로의 예금금리 추이는 전문가의 조언을 얻어 판단해야 한다.

고정금리 대출로 갈아타기

1년 전 내 집 마련을 위해 주택담보 대출을 받은 정모 씨는 최근에 와서 시중의 장기금리가 상승세를 보이자 이자부담이 늘지 않을까 걱정이다. 실제 금리가 상승하면 정 씨가 받은 대출이자 부담이 늘어날 것이기 때문이다. 그래서 정 씨는 대출 갈아타기를 고민 중이다.

정 씨의 경우 고정금리 대출로 갈아타는 것이 유리하다. 고정금리 대출은 처음 적용되는 대출금리가 만기일까지 그대로 적용되기 때문에 향후 금리가 큰 폭으로 상승하더라도 리스크가 없기 때문이다.

급히 목돈이 필요하다면 대출을 이용할 수밖에 없다. 이왕 대출을 받을 거라면 이자부담을 최소화시키는 것이 합리적인 방법이다.

은행이 적용하는 대출금리에는 고정금리 방식과 변동금리 방식이 있다. 고정금리는 대출받을 때 정한 금리를 만기 때까지 적용하는 방식으로, 금리가 확정적이라 금리변동에 신경을 쓰지 않아도 되는 것이 장점이다. 이에 반해 시중금리에 따라 금리가 변동되는 변동금리는 금리가 불확정적이라 안정적인 생활설계가 힘들다. 대체적으로 변동금리가 고정금리보다 연 1% 이상 낮으며 금리상승기에는 고정금리가, 하락기에는 변동금리가 유리하다. 즉 금리가 오른다고 가정했을 때는 고정금리 대출이 유리하고, 내릴 가능성이 크다고 판단되면 변동금리를 적용받는 것이 이자부담 면에서 좋다.

이것만은 주의해라

우선 금리예측을 해야 대출에 성공할 수 있다. 현재처럼 금리인하 추세가 이어질 경우에는 변동금리가 유리하다. 그러나 장기적으로 경제성장률이 본 궤도에 오를 경우 금리인상은 불가피하다. 장기상품의 금리상승에 대비해서는 고정금리가 유리할 수도 있다는 얘기다. 금리예측은 대출이자를 결정짓는 가장 중요한 요소인 만큼 금리조건별 특징과 금리 전망 등을 살펴보고 선택하는 것이 중요하다.

또 중도상환 수수료 부담에 대해서도 고려해야 한다. 변동금리 대출을 만기일 이전에 상환할 경우 중도상환 수수료가 부과된다. 중도상환 수수료는 은행마다 일부 차이가 있지만, 대출 경과 기간에 따라 대체로 대출금 상환액의 0.5~2%에 달한다.

고정금리 대출로 갈아탈 경우 저당권설정비(대출금액의 0.8~1%)와 인지대(2,000만 원까지는 면제, 2,000만 원을 초과하면 2만~35만 원까지 징수) 등의 추가비용이 들 수 있다. 하지만 대체로 신규대출 기간이 3년을 넘거나 대출금액이 3,000만원을 넘을 경우 저당권설정비를 면제받을 수 있으므로 이를 적극 활용하는 지혜가 필요하다.

정부의 부동산 가격 억제책에 따라 투기지역 등 부동산 가격 급등지역에 대한 은행의 주택담보 대출비율이 대폭 낮아지고 있다는 점에 유의해야 한다. 대출 가능금액이 대폭 줄어들므로 그만큼 상환해야 하는 부담이 따르게 된다.

'금리 인하요구권'을 적극 활용하라

은행이나 보험사에서 신용대출을 받은 이후 신용상태가 나아졌다면 대출금리 인하를 요구할 수 있다. '대출금리 인하요구권'은 만기상환 전이라도 금리인하를 요구할 수 있다. 대출금리 인하요구가 받아들여지면 적게는 연 0.5%포인트에서 많게는 2%포인트까지 대출금리가 낮아지므로 적극적으로 이용할 필요가 있다.

금리인하 대상은 '만기 일시상환 변동금리'식 가계신용 대출에만 적용되며, 금리인하 요구는 신규대출을 받거나 대출을 연장한 시점부터 3개월 뒤에 가능하다. 신청횟수는 1년에 두 차례로 제한되며, 6개월 안에는 똑같은 사유로 재신청이 불가능하다. 신청 때는 변동사항을 증빙할 수 있는 서류(급여생활자는 재직증명서나 원천징수영수증, 자영업자는 세무서에서 발급하는 소득증명원)를 발급받아 제출하면 된다.

금리인하를 요구할 수 있는 경우는 대출을 받고 나서 직장의 신용도가 높아진 경우, 직위 상승, 연소득 증가, 전문자격증 취득, 대출받은 금융기관 거래실적이 상향되었을 때 가능하다.

대출금액은 소득수준에 맞게 하라

금리가 아무리 낮다고 해도 주택자금 대출은 그 자체가 거액이므로 매달 납입하는 원리금과 이자는 큰 부담이 된다. 매달 부담하는 주택 관련 비용이 월 소득금액의 40%가 넘으면 대출을 받아 주택을 구입하려는 계획을 재고해야 한다.

수수료 조건을 잘 따져보라

파격적인 대출금리를 제시하는 은행일수록 대출금 중도상환에 따른 벌칙성 금리 성격의 상환수수료를 내도록 요구하기 십상이다. 특히 대출금리 이외에 적용되는 수수료 및 벌칙성 금리를 모두 따져보았을 때 실제 적용되는 비용이 만만치 않다. 이에 각 금융기관의 수수료 등 부대조건을 잘 따져본 뒤 대출 상품을 선택하는 지혜가 필요하다.

마이너스 대출을 적극 활용하라

담보 없이 신용으로만 대출을 받을 경우 마이너스 대출을 이용하면 유리하다. 인출과 상환이 자유로우며, 자동화기기(ATM)를 통한 입출금도 가능하다. 즉 마이너스 통장으로 급여를 이체하면 금리부담을 조금이라도 덜 수 있다.

초단기 투자에도 틈새상품은 있다

단 하루를 맡겨도 이자 없는 은행 보통예금에 맡기기보
다는 이자가 많이 붙는 증권사 머니마켓펀드(MMF), 어음관리계좌(CMA), 수
시입출식예금(MMDA) 등에 투자하라.

　MMF, CMA, MMDA는 자신이 필요할 때 언제든지 빼다 쓸 수 있다는 장
점을 가지고 있다. 그러나 취급하는 금융기관이 MMDA는 은행권에서,
MMF는 은행과 증권회사 그리고 투신사, CMA는 종금사로 각각 다르다. 은
행파산시 정부로부터 5,000만 원까지 보호가 되는 MMDA나 CMA와 달리,
MMF는 예금자 보호가 되지 않는다는 것도 다른 점이다. 3가지 상품에 대
해 좀 더 자세히 알아보자.

실적배당 'MMF', 'CMA'

증권회사나 투신사의 대표적인 단기금융상품인 MMF(Money Market Fund)는 고객의 돈을 모아 수익률이 높은 상품에 직접 투자해 얻는 이익을 돌려주는 상품이다. 주로 주식을 제외한 단기채권, 기업어음(CP), 양도성 예금증서(CD), 잔존만기 1년 이하의 국채 및 통화안정증권 등과 같이 단기 유가증권에 투자를 한다.

MMF의 최대 장점은 입출금이 자유롭고 하루만 맡겨도 이자가 지급 된다는 점이다. 은행의 6개월 정기예금에 해당하는 고금리를 받을 수 있다. 하루를 맡겨도 연 3%대를 상회하는 고금리를 적용 받을 수 있으니 귀찮다고 은행의 입출금식 예금통장에만 넣어두는 것에 비해 얼마나 이득인가.

또한 은행에서도 가입이 가능하다. 보통 증권사에서만 가입할 수 있다고 생각하는데 요즘은 시중은행과 각 투신운용사의 MMF 계좌가 온라인으로 연결되어 있어 한 번 계좌를 만들면 일일이 방문하지 않아도 전화나 인터넷으로 입출금 관리가 가능해 편리하다. 단, 수수료율이 은행권에 비해 증권사가 상대적으로 싸다.

CMA(Cash Management Accounts)는 고객이 맡긴 예탁금을 기업어음이나 국공채 등에 주로 투자하는 금융상품이다. 수시로 입출금이 가능하고 예탁금에 제한이 없다. 실물이 아닌 '어음관리계좌' 통장으로만 거래되며, 만기 후 돈을 찾지 않으면 원리금이 다시 예탁되어 자동으로 기간이 연장되게 이루어져있다. MMF보다 이자가 상대적으로 높고, 예치기간별로 이자를 차등 적용해 중단기 운용에 적합하다. 은행의 MMDA 마찬가지로 5000만원 범위 내에서 예금자보호를 받을 수 있는 게 특징이다.

예치금액에 따라 차등금리 'MMDA'

MMDA(Money Market Deposit Account)는 일반 입출금식예금에 비해 상대적으로 고금리가 적용되고 입출금이 자유롭다는 점에서 앞서 설명한 CMA, MMF 등과 유사하다. 단 MMDA는 5천만 원 이상의 고액일수록 활용가치가 더 높게 나타난다. 또한 가입대상, 가입한도, 예치기간에 특별히 제한이 없다.

초단기상품에는 위의 MMF나 CMA 그리고 MMDA 이외에도 증권사의 자산관리계좌도 있다.

MMF와 MMDA, CMA가 한 달 안에 언제든 돈을 찾아쓰려는 투자자에게 적합한 초단기 상품이라면 1개월 이상 1년 이내 투자하기 좋은 상품에는 어떤 것이 있을까?

한 달 이내에 당장 찾아써야 하는 것이 아니라면 상품 선택의 폭은 훨씬 넓다. 재테크 전문가들이 가장 많이 추천하는 상품이기도 한 조합예탁금은 금리가 은행권의 1년 만기 정기예금과 비슷하고, 1년 이내로 투자하더라도 세금혜택(이자소득세 15.4% 대신 농특세 1.4%만 부과)을 받을 수 있어 세후 실질수익률은 은행 정기예금보다 높다는 것이 장점이다. 신협과 농수협단위조합, 새마을금고 등에서 살 수 있다.

만기가 1~3개월인 특정금전신탁도 3개월 투자만으로 연 4% 이상의 수익을 기대할 수 있는 상품이다. 카드사의 CP에 투자하는 특정금전신탁은 발행기업이 파산할 경우 원금손실이 우려되지만 최근 연 5% 이상의 높은 수익률을 지급하고 있어 눈여겨볼 필요가 있다.

그 밖에도 종금사의 발행어음은 연 4% 이상의 금리를 보장하면서도 일반 CP와 달리 예금자보호를 받을 수 있어 안전하며, 은행이 판매하는 선물환 외화정기예금은 종합소득세 과세대상자에게 절세효과가 뛰어난 상품이다.

# 주식투자의 키워드, 종목

나무를 볼 것인가? 숲을 볼 것인가? 나무를 보는 것은 전체를 보지 못하는 것이므로 숲을 보고 의사결정을 하는 것이 이치에 맞다. 여기서 나무는 개별종목이고 숲은 주가지수라고 할 수 있다. 특정종목에 아무리 많은 호재가 있더라도 시장이 좋지 않으면 그 호재는 오래 가지 못하거나 전혀 반영되지 않기 때문이다.

다시 말해 지수보다는 종목을 보고 투자하라는 것이다. 왜냐하면 최근 1~2년간 국내경기의 지속적인 침체에 따라 종합주가지수의 큰 상승이 없음에도 뜨는 종목은 단기간에도 수배의 이익을 안겨주기 때문이다.

가치에 의해 저평가된 종목에 집중 투자해 세계 2위의 부자가 된 투자전문가 워런 버핏은 "잘 아는 종목에만 투자하라."고 이미 조언한 바 있다. 힘들여 모은 종자돈을 뜬소문에 휩쓸려 날려버릴 가능성이 높다는 것을 우려해서다.

따라서 앞으로의 주식투자에서는 타이밍 선택과 종목선택을 잘해야 투자에 성공할 수 있다. 지수의 오르내림에 따라 일희일비할 것이 아니다. 투자종목의 선정은 지수의 높낮이가 아니라 투자가치에 의해 결정해야 한다.

성장잠재율 · 산업 흐름을 봐라

종목을 선정하려면 자기 나름의 종목선정 기법이 있어야 한다. 종목을 선정할 때 어떤 점에 주안점을 두는 것이 좋은지 일반적인 방법을 알아본 후 자신에게 맞는 선정 방법을 선택하는 것이 좋다.

우선 전체적인 산업흐름 속에서 현재 산업을 주도하는 업종이 무엇인지부터 알아봐야 한다. 그리고 그 업종에 해당하는 투자종목을 선택할 때는 예상수익이 크게 호전되고 있는 종목이 중심이 되어야 투자에 유리하다. 기업을 선택할 때에는 눈에 보이는 일시적인 성장률만을 볼 것이 아니라 기업에 대한 질적 평가와 함께 그 기업이 안고 있는 성장가능성도 봐야 한다.

'보기 좋은 떡이 먹기도 좋다.' 는 말처럼 주식에서도 인기 있는 종목에 관심을 가질 필요가 있다. 보통 주식시장은 그때의 상황에 맞는 주도주가 부상하여 시장을 끌고나가는 것이 특징이기 때문이다. 따라서 시장을 이끌 가능성이 있는 미래의 테마주를 골라 투자하는 것이 유리하다.

우량주 · 품귀주 노려라

종목선정에 대한 방법을 터득했다면 그 방법을 통해 유망한 종목을 선정해 집중투자해야 한다. 어떤 종목이 유망한지 좀더 구체적으로 알아보자.

일단 재무구조가 좋고 대외신용도가 높은 우량주 중심으로 고르자. 그 이유는 투자종목이 회사의 부실 등으로 부도가 나면 그 주식은 사실상 휴짓조각이 될 수도 있기 때문이다.

우량주에 투자하게 되면 높은 수익률은 기대하지 못하더라도 안정성만큼은 높다. 우량주는 주식시장이 침체에 빠져 있을 때 사는 것이 좋다. 우량성장 종목을 선택 하기 위해서는 철저한 기업분석으로 기업내용을 완벽히 파악해야 한다.

또 생활 속에서 뜨는 테마를 감지해야 한다. 우리의 생활 가까이에서 평소에 무관심으로 일관했던 것을 자세히 살펴보는 습관이 필요하다. 이러한 습관 속에서 눈에 띄는 것이 있으면 그 기업을 찾아가는 등 집중분석을 하는 것이 좋다. 다시 말해 종목을 선정했다면 세밀하게 조사해 앞으로도 가능성이 있는지 여부를 판단하는 것이 중요하다. 또 외국인들이 꾸준히 지분을 늘리는 종목에 관심을 가져야 한다. 대신 외국인 매집주를 매매할 때는 유입자금의 성격을 알아둘 필요가 있다. 외국인들이 어느 종목을 매수하였는지는 증권거래소와 코스닥 시장 홈페이지의 외국인 매매종목에서 확인할 수 있다. 특히 우량주일 경우에는 더 관심 있게 살펴보아야 한다.

주가시장에는 품귀주라는 이유로 투자가치를 지닐 수 있다. 품귀주에 대한 수요가 일시적으로 쇠퇴하고, 공급이 비교적 많아지는 시기가 투자하기 좋은 기회다. 너무 많이 사두면 나중에 팔지 못하는 경우가 생길 수 있기 때문에 소량만 투자하는 것이 좋다.

또 시류에 편승하기보다는 미래의 우량주를 발견할 줄도 알아야 한다. 주식은 단기적으로는 시장 분위기나 인기에 영향을 받지만, 결국은 그 주식이 가지는 내적가치에 초점이 모아진다. 미래가치가 뛰어나 우량주를 찾아내는 안목이 필요하다.

주식투자의 관건은 바로 정보다. 특히 뜨는 종목에 대해 파악하려면 정확하고 빠른 정보는 기본이다. 그러나 일반 투자자가 이러한 고급정보를 얻기란 생각보다 쉽지 않다. 고의적인 루머가 난무하는 곳이 바로 주식시장이기 때문이다. 꾸준한 공부와 관련분야에 대한 관심이 결국 승패를 가르게 될 것이다.

첫째, 접할 수 있는 자료는 모두 활용하자

경제지·경제TV·주간잡지 등 생각보다 우리 주위에는 많은 정보가 널려 있다. 정보가 없다고 투덜대기에 앞서 현실에서 할 수 있는 것부터 찾는 것이 좋다. 특히 남보다 먼저 정보를 취득하는 것이 중요하므로 아침에 배달되는 신문보다는 언론사에서 인터넷에 미리 올려둔 기사를 확인하는 습관을 들이자. 그 속에서 종목의 선택과 매매시기를 결정하는 정보 및 재료를 수집하는 것이 좋다. 단, 주식투자는 자기의 판단으로 결단하는 것이라는 점을 잊지 말아야 한다.

둘째, 기업이 하는 공시를 활용하자

공시는 기업이 공식적으로 어떤 사항에 대해 입장을 발표하는 것이라 신뢰성이 높고 주가에 끼치는 영향이 크다. 어떤 공시내용이 주가에 영향을 미치는지 늘 관심을 가지고 있어야 한다. 이러한 공시는 경제신문 증권란이나 홈트레이딩의 공시를 참고하면 된다. 또 연 2~4회 발간되는 상장기업의 분석자료도 각 기업의 성장가능성과 그에 따른 종목 발굴 조사에 도움이 된다.

셋째, 메모를 하는 습관을 들이자

신문이나 여러 자료에 나오는 주식시장에 대한 뉴스나 하루의 시황 등을 매일 스크랩하고 메모하는 습관을 들이면, 나중에 투자를 할 때 귀중한 자료가 될 것이다.

공모주 청약 잘 고르면
로또 안 부럽다

공모주 청약은 기업공개를 통해 일반인으로부터 청약받아 주식을 배정하는 것을 말한다. 공모주는 주가등락 위험에 시달릴 필요 없이 시세차익을 거둘 수 있다는 점이 특징이다. 하지만 일부 종목들은 등록 후 하락행진을 이어가면서 공모가를 밑도는 경우도 많아 청약종목 선택에 투자자들의 세심한 주의가 필요하다. 일반투자자들이 청약하기 위해서는 증권저축 또는 공모주청약상품에 가입해두는 것이 좋다.

경쟁률에 따라 주식 수를 비례 배분하기 때문에 인기가 높으며, 배분되는 주식 수가 줄어들 수밖에 없어 개인의 요구만큼 주식 수를 가질 수 없다는 사실도 알고 있어야 한다. 공모주 청약의 경우, 발품을 팔고 자세히 살펴보면 생각보다 좋은 수익률을 기대할 수 있다.

공모주 청약을 하려면

공모주 청약을 하려면 우선 투자종목과 청약할 증권사를 선택해야 한다. 투자종목을 선택할 때에는 증권거래소(www.kse.or.kr), 코스닥증권시장(www.kosdaq.com), 코스닥위원회(www.kosdaqcommittee.or.kr) 인터넷 홈페이지에 공개돼 있는 상장 및 등록예정 법인을 보고 앞으로 주가가 오를 것으로 판단되는 종목을 선택하면 된다.

투자종목과 증권사를 골랐다면 증권사에 계좌를 개설해야 한다. 증권사에 주식거래 및 금융상품 계좌가 있는 사람만 공모주 청약이 가능하기 때문이다. 특히 개좌개설 시기 및 실적에 따라 공모주를 청약할 때 우대를 하기에 더욱 중요하다. 1인당 살 수 있는 주식 수가 얼마나 되는지도 문의해봐야 한다. 거래 실적에 따라 주식을 살 수 있는 한도도 다르기에 더욱 그렇다.

끝났다면 증권사에 비치된 청약양식을 작성해 제출하고 청약증거금을 내면 된다. 이때 도장·신분증·증권카드도 함께 지참해야 하고, 대리인이 갈 경우에는 대리인의 신분증·도장이 필요하다. 청약증거금이 입금되면 주식이 개인별로 배정된다. 이런 절차들이 번거롭게 느껴진다면 사이버계좌로 청약이 가능한 증권사를 이용하면 된다.

청약일로부터 1~2주 지나야 잔금환불을 받을 수 있고, 3~4주가 지나야 주식입고와 매매를 할 수 있다는 점을 알고 자금계획을 세워야 한다.

공모주 고르는 방법

공모주 선택에서도 '옥석가리기'가 필수다. 우선 공모가가 얼마냐는 것을 확인해야 한다. 투자에 앞서 반드시 동일업종 기업의 주가 흐름을 살펴보고 공모가가 너무 시가에 근접해 있는 것은 피해야 한다.

또 유통주식 물량이 적은 새내기주가 매력적이다. 단기수익을 원하는 투자자라면 그 기업의 물량부담이 어느 정도인지 알아보는 것은 기본이다.

공모기업이 금융감독원에 제출하는 유가증권신고서도 반드시 살펴봐야 한다. 여기에는 전환사채(CB) 발행실적 등 주가에 영향을 미칠 수 있는 내용이 들어 있다. 공모가격 평가가 적절한지, 산정방식에 문제는 없었는지를 보고 판단해야 한다. 또 증권사가 파악한 공모기업의 위험요소에 대해서도 눈여겨볼 필요가 있다.

돈이 몇 주 동안 묶인다는 점에도 유의해야 한다. 청약·환불·기업상장 등 여러 절차를 거쳐야 하기 때문에 환불받을 때에도 주식으로, 매매할 때에도 일정기간을 고려하여 자금계획을 세우는 것이 필요하다.

그러나 이처럼 공모주를 잘 선택했다고 해도 얼마나 보유할 것인지 사전에 투자기간을 결정할 수 있어야 한다. 배당까지 노리는 장기투자를 할 것인지, 매매차익만 노리는 목적인지에 따라 공모투자는 달라질 수밖에 없다.

풋백옵션은 공모에 참여한 투자자가 신규등록일 후 한 달 이내 주가가 10% 이상 떨어진 경우 주간사인 증권회사에 이를 되사달라고 요구할 수 있는 권리다. 공모주 투자에서도 이러한 제도를 시행하고 있다. 특히 개인을 대상으로 한다는 점에서 개인 투자자에게 유리하다.

풋백옵션은 주식의 매매개시일로부터 1개월 이내 행사해야 하며, 행사가격은 공모가격의 90%다. 신청은 그 공모주를 인사한 증권사의 지점 및 HTS를 통해 하고 증권사는 장외에서 같은 주식을 매수해야 한다. 풋백옵션의 행사대상 주식은 반드시 공모로 배정받는 주식이어야 한다. 단 여러 계좌의 주식을 합치는 등 계좌 이체를 통한 주식이나 매도는 제외된다.

리스크 적고 수익률 높은 간접투자 상품

아무런 준비도 없이 혼자 여행을 떠날 때는 배우는 것도 많겠지만 그만큼 위험부담이 높다. 그래서 여행 경험이 없는 사람이 안전하고 유익한 여행을 즐기려면 여행가이드가 필수다. 여행가이드가 여행지에 대한 구체적인 정보도 설명해주고, 혹 혼자 갔을 때 빠뜨리기 쉬운 것까지 세심하게 챙겨주기 때문이다.

재테크에서도 마찬가지다. 안전하고 높은 수익률을 올리려면 준비된 가이드가 필요하다. 점점 복잡해져가는 시장에서 일반 사람들이 일상적으로 경제지표를 분석하고 판단한다는 것은 결코 쉽지 않다. 이런 상황에서 전문적인 투자전문가가 상황에 맞게 투자해준다면 훨씬 효율적이지 않겠는가.

대신 여행가이드를 쓰면 배낭여행하는 것보다 돈이 더 지출되는 것처럼 투자전문가를 활용한 간접투자 때에는 직접투자와는 달리 일정 비용을 투자자가 내야 하는 부담을 안아야 한다. 그리고 안정성을 추구하는 만큼 평균수익률은 올릴 수 있겠지만, 간접투자 때에는 '대박의 꿈'은 접는 것이 현명하다.

준비된 가이드와 함께 펀드투자를

저금리 시대, 투자자들이 투자처를 찾지 못해 고민스러운 이때, 간접투자가 그 대안으로 떠오르고 있다. 간접투자는 투자지식과 시간이 부족한 개인투자자들이 전문가에게 자신의 투자자금을 맡기는 것을 말한다. 간접투자는 소액으로도 투자할 수 있다는 장점이 있으며, 안정적인 수익률을 올릴 수 있는데다 체계적인 위험관리와 다수종목을 분산투자하는 효과가 있다.

간접투자 상품을 운용하는 금융기관이 철저한 분석과 조사를 거친 후에 투자하기 때문에 한 개인이 조사·연구한 것보다 전문적으로 조사·분석하는 장점이 있다.

종합하면 리스크를 줄이면서도 주식투자에 따른 고수익을 기대할 수 있다는 게 간접투자의 가장 큰 장점이다. 특히 변동성이 큰 시장에서는 개인투자자가 기관투자가에 비해 불리하기 때문에 간접투자를 선택하는 것이 좋은 방법이다.

선진국의 경우도 약 80%가량의 개인투자자가 간접투자를 할 만큼 직접투자에 비해 간접투자가 활성화되어 있다. 또한 투자수익률의 평균치를 기준으로 볼 때 전체적으로 간접투자가 직접투자보다 수익률이 더 높다.

자신의 성향에 맞는 상품을 선택하라

현재 시중에는 간접투자상품이 6000개가량 판매되고 있다. 그 다양성만큼 분위기에 휩쓸리지 말고 투자성향·상품성향에 따라 자신에게 맞는 상품을 고르는 것이 무엇보다 중요하다.

우선 노후자금 마련과 같이 안정적인 투자를 원한다거나 다소 보수적인 성향을 가졌다면 채권형 펀드나 주가연계증권(ELS) 상품이 적합하다. 채권형 펀드에 투자할 경우 금리가 올라갈 가능성이 높을 때에는 만기가 짧은 채권 등 단기상품에 투자하는 것이 유리하고, 향후 금리가 내려갈 가능성이 높다면 만기가 긴 채권을 편입한 장기채권형 펀드에 가입하는 것이 좋다.

이에 반해 공격적인 투자성향을 가지고 있다면 주식형 펀드가 유리하다. 주식형 펀드에 투자할 때는 펀드매니저·시장상황·운용회사·펀드의 과거 수익률 등을 꼼꼼히 살펴보고 투자하는 것이 중요하다.

최근 인기를 끌고 있는 부동산펀드·금 펀드·영화펀드 등 새로운 유형의 간접투자 상품도 눈여겨볼 만하다.

운용사와 투자전문가 잘 따져보고 선택하라

자신의 성향에 맞는 투자상품을 선택했어도 마지막까지 수익을 올리려면 여러 가지 고려해야 할 것들이 있다.

우선 간접투자 때에는 운용사와 펀드매니저를 잘 선택해야 한다. 간접투자는 개인투자자들이 전문가에게 자신의 투자자금을 맡기는 것이기 때문에 운용사와 펀드매니저의 능력에 성패 여부가 달려 있다고 해도 과언이 아니다. 따라서 운용사와 펀드매니저의 과거 수익률은 물론 위기대처 능력 등을 꼼꼼히 따져본 후 선택해야 한다. 또한 상품에 가입할 때 판매사에만 의존하지 말고 스스로 운용사에 대해 알아보는 지혜도 필요하다.

운용사와 판매사는 서로 다르다. 판매사에서 얘기하는 조언을 참고는 하되 그 상품에 대한 운용사가 어디인지, 환매시기 등의 사항을 본인이 직접 확인해볼 필요가 있다.

투자기간도 중요하다. 환매가 불가능한 펀드는 단기로 운용하고자 하는 자금을 투자할 경우 돈이 묶이는 낭패를 볼 수 있기 때문에 일정기간 환매가 가능한지 여부도 검토할 필요가 있다.

간접투자 상품 중 부동산펀드 · 금 펀드 · 영화펀드의 경우 전문적인 분야에 속한다. 이에 운용사가 그 분야에 대한 전문가를 확보하고 있는지에 대해서도 잘 살펴봐야 한다.

가입을 했다고 해서 모든 게 끝난 것은 아니다. 가입 후에도 펀드운용

상황을 점검하는 세심함이 필요하다. 주식이나 채권시장의 경우 언제 돌발상황이 벌어질지 알 수 없는 곳이다. 물론 운용사가 리스크 관리를 하겠지만, 가입과 환매시기는 자신이 결정하는 것이므로 가입 후에도 한 달에 한 번 이상은 점검을 해야 한다.

종자돈은
적립식 펀드로 만들어라

"걱정이네. 은행이자가 너무 낮으니 적금 들기도
망설여지고, 그렇다고 주식에 투자할려니 쪽박찰까 겁도 나고…."

"뭘 그리 걱정해? 적립식 펀드가 있잖아. 적금처럼 매달 나눠 내니까
부담도 없고, 우량주식과 채권에 투자하니까 든든하잖아."

실질금리 마이너스 시대에 높은 수익률을 좇아 직접 주식투자에 나
서려니 부담이 앞선다. 이럴 때 안정적이면서도 높은 수익률을 올릴 수
있는 적립식 펀드가 눈길을 끈다.

적금 붓듯이 투자해 '목돈 마련'

과거의 국내 간접투자는 대부분 일정금액을 한꺼번에 가입하는 목돈

투자 형식이었다. 이에 반해 적립식 펀드는 은행 정기적금처럼 매달 일정금액을 적립하는 펀드다. 매달 일정액을 투자하면서도 주식이 싸게 나올 때는 많이 사두고, 비싼 경우에는 조금만 사는 형식을 취할 수 있다. 즉 적금을 붓듯이 소액으로 꾸준히 주식이나 채권에 투자함으로써 목돈 장만에 안성맞춤이다.

적립식 펀드는 그 종류도 다양하다. '적립식 펀드의 춘추전국시대'라는 말이 생겨날 정도로 금융기간들이 고객들의 입맛에 딱 맞는 상품들을 연일 쏟아내고 있다. 연말 배당철에 맞는 배당주에 집중투자하는 펀드가 잇따라 출시되고 군인·어린이 등 특정 대상을 타깃으로 하는 펀드도 눈에 띈다.

대한투자증권이 판매 중인 '가족사랑짱 적립식펀드'는 목표금액을 보장하면서도 상해보험에 가입시켜준다. 미래에셋증권의 '적립식 3억 만들기 펀드'는 자녀명의의 증권계좌를 개설해주는 것은 물론 건강검진권과 문화상품권까지 지급하고 있다. 20대·30대·40대, 각 세대의 특성에 맞게 출시된 '세대형 적립식 펀드' 등은 특정 대상을 겨냥한 적립식 펀드로 주목받고 있다.

미래대비 자산형성 투자로 제격

적립식 펀드가 많은 투자자에게 인기를 끄는 이유는 무엇일까? 우선 적립식 펀드는 목돈이 없어도 투자가 가능하다. 수중에 돈은 별로 없지만 앞으로 투자를 위해 자산을 형성해가려는 소액투자자에게 투자의 기회를 열어주는 상품이다. 즉 젊은 세대에게 적합하다. 실제 한 증권사에서 적립식 펀드 가입자의 연령별 분포 분석결과 30대(33%)가 가장 많았으며 20대도 22%에 달했다.

주가지수에 따라 분산투자의 효과가 있어 한꺼번에 목돈을 투자하는 상품들에 비해 위험성이 적다는 것도 장점이다. 우리가 운동을 할 때도 일주일에 한 번씩 몰아서 하는 것보다 매일매일 정기적으로 같은 시간 동안 운동하는 것이 훨씬 효과적이고 건강에 좋다는 것은 잘 알 것이다. 투자도 마찬가지다. 또 주가가 저렴할 때는 많은 수량을 살 수 있고 주가가 크게 오르면 주식을 조금만 사는 것이 가능해 평균투자 단가를 싸게 할 수 있다는 것도 장점이다.

적립식 펀드 고르는 비법 따로 있다

적립식 펀드가 인기를 끌고 있다지만 막상 가입을 하려면 걱정이 앞서는 게 사실이다. 투자를 고민하는 사람들의 경우 유의할 점을 충분히 숙지한 후 투자한다면 충분히 매력적인 상품이 될 수 있다.

가입을 망설이는 사람들이 가장 많이 고민을 하는 것이 가입시점에 대한 부분이다. 언제 가입하는 것이 가장 안전하면서도 고수익을 올릴 수 있을까?

하지만 그런 부분은 크게 걱정할 필요는 없다. 적립식 펀드는 투자방법의 특성상 가입적기가 특별히 없다. 투자기간이 긴데다 꾸준히 투자해야 효과를 얻을 수 있는 상품이기 때문에 가입시기보다는 오히려 개인의 투자성향에 맞춰 가입하는 것이 더 중요하다. 다만 중도환매나 만기 때는 주가수준에 따라 수익률이 차이를 보일 수 있으므로 주가수준을 꼭 점검하는 지혜가 필요하다.

상품을 고르기에 앞서 자신의 재무설계를 우선하는 것이 필요하다. 적립식 펀드의 경우 개인의 투자목적에 따라 상품을 달리하는 것이 좋기 때문이다. 예를 들면 노후대비를 위해 장기투자를 원한다면 주식편입 비중이 높은 성장형 상품이 좋고, 자녀학비나 주택자금 마련을 위한 단기투자라면 채권에 투자하는 안정형을 선택하는 것이 옳다. 초보투자자의 경우 주식비중이 40~60% 정도인 혼합형을 고르는 것이 성공확률이 높다.

적립식 펀드의 핵심은 장기투자에 있다. 최소 3년은 지나야 성과를 판단할 수 있기 때문에 인내심을 가지고 기다리는 지혜가 필요하다. 또 투자기간이 긴 상품을 선택하는 것이 좋고 장기상품을 성공적으로 다뤄본 경험이 풍부한 자산운용사를 선별해 상품을 고르는 것도 중요하다. 장기투자인 만큼 매달 무리해서 불입액을 높이지 말고 여윳돈으로 투자하는 것이 좋다.

마지막으로 상품가입 전에 수수료율을 반드시 따져봐야 한다. 적립식 펀드의 경우 장기투자이므로 약간의 수수료 차이에도 향후 수익률 격차가 커질 수 있기 때문이다.

보통 적립식 펀드는 수수료율이 2~3%로 일반펀드보다 비싼데다 계약기간 중에 중도해지하면 수익금의 상당부분을 수수료로 떼간다. 그래서 3년 투자를 하더라도 1년 단위로 계약기간을 갱신해 중도환매 수수료를 떼이지 않도록 하는 것이 손해를 덜 보는 방법이다.

해외펀드에도
눈독을 들여라

국내의 저금리와 강력한 부동산 투기규제 등으로 불안정한 국내를 떠나 해외로 눈을 돌리는 투자자들이 늘고 있다. 남의 떡이 더 커 보인다고 좀더 안정적인 해외 투자시장으로 너도나도 몰리고 있다.

한동안 언론에서도 '대박엔 국경이 없다', '브릭스로 눈을 돌려라', '해외펀드에 묻어두면 대박' 등의 문구들로 투자자들의 시선을 사로잡았으며 이에 발맞춰 운용사들은 경쟁적으로 해외펀드를 쏟아냈다.

해외펀드는 투자자들의 자금을 모아 다른 나라의 주식이나 채권 등에 투자해 수익을 얻는 실적배당 투자상품으로 적은 금액으로 세계 시장에 분산투자할 수 있고, 세계적인 전문가들이 운용하는 검증된 펀드라는 데 그 매력이 있다.

특히 그동안 나온 해외펀드의 상당수가 국내 정기예금 금리에 비해 높은 수익률을 올려왔다.

브릭스, 일본펀드 등 인기

최근 인기를 끌고 있는 펀드로는 브릭스 펀드, 일본펀드 등이 있다. 특히 브릭스(BRICs : 브라질, 러시아, 인도, 중국) 펀드의 경우 최근 몇 년간 높은 수익률을 올린 것은 물론, 풍부한 천연자원과 넓은 국토를 갖고 있는 만큼 향후 성장가능성이 높아 많은 투자자들의 관심을 끌고 있다.

몇 해 전부터 발생한 엄청난 수익률은 투자자들의 관심을 끌기에 충분한 듯했다. 또 최근에는 일본의 경기회복이 나아지면서 일본지수에 투자하는 해외펀드들도 늘고 있다. 발매초기부터 꾸준히 판매되어온 미국과 유럽펀드도 채권형·주식형·하이일드형 등 그 종류가 다양하다.

해외펀드에 대한 투자는 판매를 대행하는 국내은행 또는 증권사를 통해 직접투자하는 방법과 해외펀드에 투자하는 국내 재간접자투자펀드를 통해 투자하는 방법 2가지가 있다. 구체적으로 살펴보면 증권사나 외국계 은행 지점에서 외화증권 계좌를 만든 후에 투자자금을 맡기고 주식이나 채권 또는 펀드를 주문하면 된다. 투자금액의 경우 채권에 투자할 때는 10만 달러 정도 있어야 하며, 적어도 50만 달러는 돼야 원활한 매매가 가능하다.

환율변동, 투자성격 고려해야

그러나 먹기 좋은 음식도 먹는 방법을 모르면 그 맛이 떨어진다. 해외펀드의 경우도 아무런 정보와 준비 없이 '묻지마' 식으로 투자한다면 실패는 불을 보듯 뻔하다. 투자에 앞서 국내펀드와의 차이점은 무엇이고 유의할 점은 없는지 살펴보자.

우선 정말 해외투자가 필요한지에 대해 자신의 재산상태를 분석하는 것부터 출발해야 한다. 지난해 수익률이 좋았고 향후에도 특별한 악재가 없다는 이유만으로 투자하는 것은 특히 경계해야 한다.

해외자산에 투자하는 만큼 환율변동도 고려대상이다. 펀드투자로 이익을 얻었다고 해도 환율변동에 대한 환차손이 발생한다면 얻은 수익이 무의미해질 수도 있기 때문이다.

그리고 선택하려는 상품에 대해 충분히 숙지하고 자신의 투자성향에 맞는 상품을 최종 결정하는 신중함이 필요하다. 국가별 투자비중과 채권의 종류에 따라 해외펀드의 수익률과 위험이 서로 다르기 때문이다. 해외펀드에서도 분산투자는 중요한 투자전략이다.

해외펀드는 장기투자가 적합하다. 장기투자일 경우 위험이 줄어들고 단기투자일수록 위험에 대한 노출이 심하므로, 안정적 투자를 기대한다면 여유자금으로 하는 중장기 투자전략이 유리하다.

분산투자로 안전성을 확보하라

과거 해외펀드의 대부분은 미국·일본·영국과 같이 선진국 주식시장의 우량주 중심 투자가 대부분이었다. 그러나 최근 가장 높은 수익률을 보인 펀드는 성숙한 주식시장과 미성숙한 시장의 모든 주식에 골고루 투자한 펀드였다.

해외펀드가 위험성이 따르는 점을 고려해 한 곳에 무리하게 투자하기 보다는 분산투자하는 것이 좋다. 또한 고수익을 낸다고 해서 무턱대고 주식형에 투자했을 경우 많은 위험이 따를 수 있기에 소액투자자의 경우 국내 채권형 펀드에 비해 안전하고 수익성이 높은 해외 채권형 펀드를 이용하는 것도 현명한 방법이다.

'계란을 한 바구니에 담지 마라.' 는 말은 분산투자의 중요성을 강조한 대표적인 말이다.

해외 채권형 또는 주식형 펀드 여러 개를 모아 하나의 펀드로 만든 '펀드 오브 펀드' (Fund of Fund)는 서로 다른 투자 목적을 가진 여러 종류의 펀드에 동시에 투자할 수 있어 위험을 줄일 수가 있다. 또 적은 비용으로 여러 국가의 다양한 펀드에 투자할 수 있어 소액투자자에게 적합한 펀드로 통한다.

펀드 오브 펀드에는 채권형 펀드만 편입시킨 '채권형 펀드 오브 펀드' 상품과 주식형 펀드를 동시에 편입시킨 '주식형 펀드 오브 펀드' 상품이 있다.

현재 판매되고 있는 대표적인 상품으로는 대한투자증권의 '클래스원 월드셀렉션 펀드' 가 있다. 미국 · 유럽 · 아시아 등에 투자하는 주식형 펀드에 30% 이하, 채권형 펀드에 70% 이하를 투자하는 적립형이다. 또 미국 하이일드 펀드와 이머징 및 국제 채권펀드에 투자하는 '클래스원 베스트셀렉션펀드' 도 판매중이다.

우리투신운용도 세계적 펀드평가기관 모닝스타와 제휴, '글로벌펀드 셀렉터' 를 판매하고 있다. LG투자증권의 'LG 글로벌스타 적립식 펀드' 는 신탁재산을 한국 주식시장에 5~40%,미국 일본의 주식형 펀드에 각각 25%씩 분산 투자, 마이크로소프트 · 인텔 · 씨티그룹 · 도요타 · 혼다 등 세계 초우량 기업에 투자할 수 있다.

푸르덴셜투자증권은 해외 채권형 펀드의 비중을 65%,주식형 펀드의 편입비율을 30% 수준으로 투자하는 '푸르덴셜 포뮬러 펀드' 를 판매 중이다.

펀드 오브 펀드는 투자하는 국가와 펀드에 따라 수익률에 차이가 난다. 그래서 투자지역에 대한 전망과 주식형과 채권형의 투자비중 · 펀드수수료 · 환매방법 · 환위험 등을 미리 점검해야 한다.

고수익 후순위 채권, 하이브리드 채권

저금리 상황에서 장기적으로 안정적인 이자수입을 기대할 수 있는 금융상품은 그야말로 '흙속의 진주'와 같다. 특히 이자만으로 생활을 꾸려가야 하는 50대 이상의 노년기에는 1%라도 이자율이 높고 안정적인 이자상품을 찾는 것은 너무나 당연한 일이다.

이런 이들에게 정기예금보다 높은 이자를 자랑하는 후순위 채권과 하이브리드 채권은 눈이 번뜩 뜨이게 하는 상품이 될 것이다. 하이브리드 채권과 후순위 채권은 은행이 자기자본 확충목적으로 발행하는 채권으로서 변제순위에 있어서 주식보다는 앞서지만 예금채권자나 기타 선순위 채권자보다는 뒤로 밀리는 공통점이 있다.

하지만 만기시점이나 이자지급의 유동성 면에서는 차이를 보이고 있다. 즉 수익성을 우선한다면 하이브리드 채권이 다소 유리하고, 안정성을 우선한다면 후순위 채권이 적당하다. 각각의 특징을 좀더 자세하게 살펴보자.

후순위 채권

후순위 채권은 채권발행 기업이 파산했을 때 채무 변제순위에서 일반채권보다는 뒤지나 주식보다는 우선하는 채권을 말한다.

다른 금융상품보다 높은 금리를 지급하고 있는데다 1, 3개월 단위로 정기적인 이자까지 받을 수 있어 폭발적인 인기를 끌고 있다. 거기에 이변이 발생하지 않는 한 은행발행 후순위 채권을 사고 손해 볼 일이 없다는 것도 큰 매력이다. 1만 원 이상이면 개인이나 법인 구분 없이 누구나 살 수 있다. 세금우대도 1인당 4,000만 원까지 받을 수 있다.

후순위 채권은 이표채와 복리채로 구분할 수 있는데, 이표채는 1개월에서 3개월 단위로 이자가 지급돼 수입이 따로 없는 퇴직자에게 적당하고, 복리채는 이자를 받는 만기에 한꺼번에 과세가 된다.

한편 연간 금융소득이 4,000만 원을 초과하는 거액 금융자산가에게는 금융소득종합과세 대상에서 제외시켜 주거나 세금을 줄여줘 더 큰 매력으로 다가간다. 그러나 높은 이자라는 매력적인 요소에는 그에 따른 리스크도 있게 마련이다.

변제순위에 있어서 주식보다는 앞서지만 예금채권자나 기타 선순위 채권자보다는 뒤로 밀리므로 발행은행의 안전성이 무엇보다 중요한 투자판단의 기준이 된다. 그러므로 금리만 따지지 말고 발행은행이 얼마나 튼튼한지도 함께 고려해야 한다.

또 금리가 높은 데 반해 중도해지가 되지 않고 이를 담보로 대출도 받을 수 없어 갑자기 목돈이 필요할 때 낭패를 보기 십상이다. 따라서 이 채권에 투자를 생각한다면 급하게 돌려야 하는 돈이 아니라 장기적으로 사용 가능한 여유자금으로 투자해야 하며, 저금리가 오랜 기간 지속된다는 확신이 들 때 가입하는 것이 좋다.

하이브리드 채권

채권처럼 매년 확정이자를 받을 수 있고 주식처럼 만기가 없으면서도 매매가 가능한, 주식과 채권의 중간적 성격을 띠는 것이 하이브리드 채권이다.

하이브리드 채권은 여러 면에서 후순위 채권과 유사하지만 만기가 따로 없다는 것이 크게 다르다. 즉 중도해지를 한다거나 은행이 파산했을 시 채권 소지자는 원리금을 돌려받는 순서가 가장 뒤로 밀리면서 최악의 경우 원금을 돌려받지 못할 위험성을 안고 있다.

하지만 이런 위험성에도 하이브리드 채권이 인기를 끄는 이유는 높은 금리 때문이다. 정기예금 금리보다 2배 정도 높은 이자를 받을 수 있어 저금리 시대 투자자들에게는 분명 매력적인 상품이 아닐 수 없다.

하이브리드 채권에 투자하면서 높은 수익성과 안정성을 모두 바란다면 발행은행의 안전성을 잘 따져보는 지혜가 필요하다.

'한 그릇 가격으로 자장면과 짬뽕을 모두 먹을 수는 없을까? 이런 사람들의 심리를 이용해 '짬짜면' 이라는 메뉴가 나왔다. 짬뽕 반에 자장면 반을 섞어서 한 그릇으로 주는 것이다.

재테크에서도 '짬짜면' 과 같은 상품이 있다. 주식 관련 채권이 바로 그것이다. 채권의 안정성과 주식의 높은 수익률을 동시에 보유하고 있는 채권들을 일컫는다.

이러한 주식관련 채권에는 전환사채(CB)나 신주인수권부사채(BW)가 있다. 전환사채와 신주인수권부사채는 채권만기 시 일정수익을 기대할 수 있으며 주식전환을 통해 추가로 차익을 얻을 수 있는 일석이조의 효과가 있다. 과거 고액투자자 위주의 거래가 중심이었으나 최근에는 유동성이 부족한 기업을 중심으로 발행되고 있어 소액투자자들도 안정적인 고수익을 누릴 수 있는 방향으로 변하는 추세다.

전환사채와 신주인수권부사채는 권리를 행사할 경우 발행회사 주식 수가 증가하고 주주가 된다는 점, 채권 발행이자율이 보통사채에 비해 금리가 낮다는 점, 채권 소유자가 주식으로 전환하거나 신주인수 권리를 행사하면 그 회사의 자본이 증가되어 재무구조가 개선된다는 점 등의 공통점은 가지고 있다.

그러나 전환사채는 주식으로 전환했을 때 채권의 성격은 사라지고 완전 주식으로 바뀌어 확정금리 이자를 받을 수 없고, 신주인수권부사채는 만기 때까지는 채권이 소멸되지 않기 때문에 이자가 계속 생기고 신주인수권 행사로 얻은 주식으로는 매매차익을 기대할 수 있다는 점에서 서로 차이가 있다.

채권투자 수익+주가시세 차익

원금을 보존하면서도 짭짤한 수익을 올릴 수 있는 것이 바로 전환사채(convertible bond)다. 전환사채란 발행회사의 주식으로 전환할 수 있는 권리, 즉 전환권이 주어진 사채로 3개월이 지나면 주식으로의 전환이 가능하다. 투자에 앞서 고려해야 할 점은 전환사채 발행회사의 채무상환 능력을 꼼꼼히 따져봐야 한다는 것. 발행한 회사가 부도가 나면 막대한 손해를 보기 때문이다.

또 주식처럼 전환사채도 장내에서 매도가 가능하지만 장내에서 매도

할 경우는 거래량이 적어 제값을 받고 팔기 어려운 경우도 있다. 그러므로 성장가능성이 크고 안정적인 기업에 투자하는 것이 바람직하다. 또한 전환가격이 유통되는 시장가격보다 낮거나 별다른 차이가 없는 것을 노리는 것이 좋다. 무엇보다 경제위기 상황 등 파격 조건으로 발행되는 전환사채를 고른다면 수익률은 높다.

신주인수권부사채(bond with warrant)는 기업의 장래 발행주식의 일정 부분에 대한 매수권이 부여되는 사채로 일정량의 신주를 사는 권리가 부여된 채권이다. 안전하면서도 접근이 쉬워 개미투자자들이 많은 관심을 보이는 종목 중의 하나다.

신주인수권부사채는 주가가 정해진 가격 이하로 떨어져 신주인수권 행사가 무의미해질 때는 신주인수 권리를 포기하고 신주인수권부채권만 만기까지 보유하는 것이 유리하다. 반대로 주가가 큰 폭으로 상승할 것 같을 때에는 신주인수권을 행사해 신주를 받은 뒤 매매차익을 노리는 것이 현명한 방법이다.

채권을 발행하는 회사가 부도가 나면 주식은 무용지물이 된다. 이런 상황에서 후순위 신주인수권부사채에 투자한 사람이라면 어느 정도 보상을 받을 수 있는지 몰라 발을 동동 구르기 십상이다.

회사가 부도가 날 경우 잔여자산의 처분에 대해서는 법 절차에 따라 세금과 처분 비용이 제일 먼저 처분된다. 그리고 뒤를 잇는 것이 채권이며, 마지막으로 주주에게 배분된다. 이러한 절차에 따라 후순위로 발행한 채권은 일반채권을 모두 갚고난 후에 배분된다.

2005년은 경매의 황금기

정부의 부동산 투기억제 여파로 부동산 시장이 얼어

붙으면서 값싸고 투자성이 양호한 부동산이 대거 경매시장에 쏟아져나

오고 있다. 2005년에는 수익형 부동산이 대거 경매시장에 나오면서 외

환위기 이후 경매투자의 적기가 다시 도래할 것이라는 전망이 우세하

다. 다시 말해 2005년은 경매로 돈을 벌 수 있는 황금기인 셈이다.

단기차익에 큰 욕심만 부리지 않는다면 경매는 재테크 수단으로도

손색이 없다. 특히 2005년에는 입찰경쟁률도 낮아 예년에 비해 치열한

경쟁 없이도 시세대비 20% 이상 저렴하게 매입할 수 있는 호기이니 올

해는 경매에 눈을 돌려보자.

불경기, 내집마련에 최적

　요즘 같은 불경기에 내 집을 마련 한다는 것은 꿈도 못 꿀 일이다. 그러나 경매를 통한다면 시세보다 저렴한 가격으로 내 집 마련의 꿈을 이룰 수 있다. 현재 법원 경매시장에는 전세가격 아래로 떨어졌음에도 새 주인을 만나지 못하고 있는 물건들이 급속히 늘어나고 있기 때문이다.

　주택거래신고제가 적용되는 지역에서는 경매시장과 일반 매매시장의 취득·등록세 부담에 차이가 별로 없어 경매시장이 더 매력적이다. 이왕 집 장만을 계획하고 있다면 저렴한 가격으로 살 수 있는 경매에 도전해보자.

취득·등록세 인하로 더 좋아진다

　2005년 경매가 더욱 눈길을 끄는 것은 여러 가지 면에서 일반인들이 참여하기가 쉬워졌다는 점에 있다. 우선 응찰방식이 호가방식에서 입찰방식으로 바뀌어 일반인의 참여가 더 쉬워졌다. 과거 호가방식 때는 경매브로커가 활개를 쳐 일반인들의 경우 경매참여에 엄두를 내지 못했다. 그러나 가장 높은 가격을 적어낸 사람을 매수인으로 결정하는 입찰방식으로 변경되면서 누구나 쉽게 참여할 수 있게 되었다.

　또 기존 아파트에 비해 경매의 경우 거래세가 높아 부담이 컸던 것이 사실이다. 그러나 2005년부터 거래세율이 낮아지므로 경매시장이 수혜를 보게 될 것이다. 설사 하반기에 실거래가 기준으로 거래세가 부과되더라도 실거래가보다 낮은 낙찰가가 기준이어서 인하효과가 더욱 커지게 된다.

그리고 2005년에는 경매의 '안방입찰 시대'가 열린다. 법원이 2004년 하반기부터 우편경매 방식인 '기간입찰제'를 도입하면서, 정해진 장소와 시간에만 입찰을 받았던 과거와 달리 등기우편을 통해 7~30일간 입찰접수를 받을 수 있게 되었다.

또 입찰보증금을 보험증서로 대체할 수도 있다. 통상 최저입찰가의 10% 수준인 입찰보증금을 보험증서로 대체하려면 서울보증보험의 '경매보증보험'에 가입하면 된다. 참고로 보험료는 아파트의 경우 입찰보증금의 0.5%, 단독주택과 연립주택은 1.0%, 상가나 오피스텔은 1.8%로 만일 1억 원짜리 아파트 경매에 참여할 경우 5만 원의 보험료를 내게 된다.

안방입찰 시대가 열리면서 거액의 경매자금을 미리 준비하지 않아도 경매에 참여할 수 있어 경매시장이 더 활성화될 것으로 보인다.

인기매물보다 소외매물을 공략하라

경매가 아무리 황금기라고 해도 남과 같아서는 결코 좋은 집을 마련할 수 없다. 다른 투자자들보다 더 싸게 낙찰받을 수 있는 방법은 없는지 점검해봐야 한다.

인기지역만을 고집하지 말고 비인기 지역을 공략하는 지혜가 필요하다. 상식적인 얘기일 수도 있지만 내가 보기에 좋으면 남들 눈에도 좋게 보이기 마련이다. 즉 괜찮은 아파트가 나오면 많은 사람들이 그쪽으로 몰릴 수밖에 없는 것이 사실이다. 이럴 때일수록 욕심을 버리고 입찰경쟁률이 낮은 외곽 아파트나 단지 수가 적은 아파트를 선택해야 한다. 보통 이런 곳은 60~70% 선에서 낙찰되는 게 통례라 더 손쉽게 내 집 마련을 할 수 있다.

꾸준한 입찰전략이 중요하다. 마음에 드는 아파트가 있다면 쉽게 포기하기보다는 '못먹어도 고!' 라는 생각으로 꾸준히 공략해보자. 이렇게 하면 시세차익을 볼 수 있는 값싼 아파트를 낙찰받을 수 있다.

그리고 무엇보다 경매에 뛰어든 사람들이 가장 유의해야 할 점은 현장확인에 결코 소홀해서는 안 된다는 점이다. 입찰방식이 더 편리해지는 만큼 현장확인을 더 꼼꼼히 할 필요가 있다. 특히 임대차 등의 권리관계를 자세히 분석하지 않으면 추가비용 지출은 물론 투자된 비용까지 날릴 수도 있다. 경매지식이 있는 사람들도 막상 경매에 뛰어들면 실패할 수도 있다고 하니 혹 초보자의 경우 권리분석 자체가 자신 없다면 일찌감치 컨설팅업체에 'SOS' 를 치는 게 안전하다. 결국 경매에 대한 최종책임은 낙찰자 몫이라는 것을 잊지 말자.

일반 투자자들의 경우 부동산 경매에 대한 두려움이 있다. 특히 정보조차 없다면 더욱 참가하기가 쉽지 않다. 경매에 대한 알짜정보는 어디에 있을까?

새로 나온경매물건 신문공고에서 확인하라

일반 투자자들이 가장 쉽게 접할 수 있는 곳 또한 신문이다. 특히나 신문에는 경매 물건에 대한 정보가 가장 먼저 공개되는 매체이기도 해 새로 나온 물건에 대한 정보를 얻으려는 사람들에게 유익하다. 보통 일간지들은 경매 입찰 14일 전에 경매법원의 요청에 따라 신문에 공고를 낸다. 하지만 신문공고의 경우 가장 기본적인 내용만을 담고 있어 입찰자들이 정작 알고싶은 세부적인 정보가 없어 일정정도 한계가 있다. 일단 어떤 경매 물건이 나왔는지에 대한 기본적인 정보는 신문공고에서 얻되, 나머지 구체적인 정보는 다른 매체를 통해 얻는 것이 좋다.

상세한 정보는 경매정보지를 이용하라

앞서도 얘기했지만 신문공고는 입찰예정자가 궁금해하는 사안들을 모두 알려주기에는 부족함이 있다. 이러한 부족함을 채워줄 수 있는 것이 바로 법원입구에서 파는 경매정보지다. 보통 입찰기일 10일 전에 나오는 경매정보지는 각 법원의 경매계별로 신문지상에 공고되는 내용 외에 임대차 관계, 등기부상 권리관계, 주변환경 및 경매 진행상황 등이 상세하게 기록되어 있어 도움이 된다.

입찰준비 때는 법원 비치서류를 참고하라

입찰을 준비 중인 사람이라면 반드시 확인해야 할 서류가 법원비치서류이다. 법원에 비치되는 서류로는 입찰 일주일 전에 각 법원 민사집행과에 비치되는 서류와, 입찰 당일에 입찰법정에 비치되는 서류 2가지가 있다. 이들 서류에는 경매 물건에 대한 기본적인 현황에서부터 감정평가서까지 많은 정보가 첨부되어 있다. 누구나 열람이 가능하므로 반드시 챙겨보도록 하자.

초보자의 경우 아직 활성화되지 않은 부동산 경매에 대한 불안감이 있게 마련이다. 위험성을 최대한 줄이고 안전한 경매를 원한다면 수수료가 좀 들더라도 경매 컨설팅업체에 맡기는 것이 좋다. 단 그 업체에 대한 면밀한 검토가 선행되어야 한다. 먼저 경매 컨설팅업체가 믿을 만한 곳인지에 대한 파악부터 해야 한다. 관할 시·군·구청에 등록돼 정식허가를 받은 업체인지 확인해야 하고, 하자보험에는 가입했는지, 경매전문가를 보유하고 있는지 등을 점검할 필요가 있다.

만약 경매컨설팅업체가 과도한 수수료를 요구할 때는 영수증을 첨부해 관할구청에 신고하면 된다. 보통 수수료는 10만~20만 원의 회원가입비와 경매물건 낙찰 때 감정가의 1.5~2% 정도로 받는 낙찰수수료가 있다.

노른자위 땅, 판교 신도시

'**제2의 강남**', '수도권의 노른자위' 로 불리는 판교 신도시의 분양이 가까워지면서 서울과 수도권 주민들의 관심이 높아지고 있다.

최근 한 부동산 정보업체가 회원들을 대상으로 한 설문조사에 따르면 응답자의 3명 중 2명이 판교 신도시를 위해 청약통장을 아껴두겠다고 답할 정도로 판교신도시에 대한 사람들의 기대치는 높다. 당첨만 되면 최소 1억~2억 원이라는 프리미엄 예상치가 눈길을 끈다.

하지만 2005년 6월에 5000가구의 시범단지가 공급되는 판교 신도시는 불과 2700가구 정도만 일반에게 선보일 것으로 알려져 벌써부터 치열한 경쟁이 예상되고 있다. 여기에 정부가 2004년 12월 29일 발표한 분양가 상한제적용대상 아파트의 청약자격 제도 내용이 그동안 알려진 건과 크게 달라 벌서부터 희비가 엇갈리고 있다. 특히 전용면적 25.7(32~33

평)이고 아파트의 경우, 분양가 상한제 아파트의 75%를 무주택 가구주에게 우선 공급하되 전체의 40%는 40살 이상, 10년 이상 무주택자에게 우선 공급하기로 해 일반사람들의 판교 입성이 더욱 어려워지게 됐다.

낙타가 바늘구멍에 들어갈 확률로 승부를 걸어야 할 판이다. 하지만 영 방법이 없는 것은 아니다. 개인마다 자신이 현재 처해 있는 조건을 잘 따져 집중공략한다면 승리의 여신은 당신을 향해 손짓할 것이다. 일단 청약통장이 없는 사람들의 경우 조바심만 낼 게 아니라 가입부터 서두르자. 2007년까지 2만 9천여 가구가 몇 차례에 걸쳐 분양되기 때문이다.

분당 버금가는 최적의 입지조건

도대체 어떤 곳이길래 판교 신도시에 대한 사람들의 관심이 이토록 높은 것일까? 판교신도시는 강남이나 분당에 버금가는 입지에 중소형 평형에는 원가연동제가 적용돼 분양가도 낮아질 전망이라 수도권 무주택자에게는 청약통장을 활용해 볼 만한 보기 드문 기회다.

서울에서 한 번쯤 살아본 사람이라면 누구나 꿈꾸는 것이 자녀들의 주거·교육환경과 출퇴근길 교통지옥에서 벗어나는 것이다. 판교 신도시는 도시인들의 이런 꿈을 만족시켜줄 만한 조건을 두루 갖추고 있다는 데 그 메리트가 있다.

빽빽한 건물들 사이로 탁한 공기를 마시며 아침을 맞아야 하는 수도권 주민들은 녹지율이 높은 공간에서 살기를 원한다. 판교의 경우 녹지율 35%로 그 어떤 신도시보다도 쾌적하게 조성될 것으로 기대를 모으고 있다. 그리고 무엇보다 판교는 서울로 출퇴근하는 사람들에게 최적의 입지조건을 갖추고 있다.

서울에서 자가용으로 이동할 경우 판교까지 20분 정도면 이동할 수 있어 교통에 무리가 없다는 장점이 있다. 여기에 더해 2009년까지는 신분당선이 판교~신사까지 지하철로 이어지며 영덕~양재 간 고속화도로의 개통 등, 각종 도로 또한 2007년에는 개통될 예정이다. 또 서민들과 부유층의 수요를 동시에 만족시킬 수 있는 개발계획을 갖추고 있다.

판교는 경부고속도로를 기준으로 '동판교' 와 '서판교' 로 나뉘어 차별화되어 개발될 예정이다. 동판교는 중·소형·임대아파트를 중심으로 개발되며, 상업시설이 들어서 분당의 서현·수내·야탑역 상권과 상승작용을 일으킬 것으로 기대되고 있다. 이에 반해 서판교는 풍부한 녹지율을 바탕으로 한 조용한 주거지역으로 개발될 예정이다.

주택 개편안 알고 대응하자

정부가 2005년부터 적용될 주택법개정안을 최종 발표함에 따라 일반투자자들의 관심이 집중되고 있다. 특히 정부가 그동안 일반인들에게 알려진 것보다 더 많은 내용을 변경함에 따라 개편안에 대한 꼼꼼한 분석을 통한 투자가 필요하다. 어떤 부분이 변경되었는지 구체적으로 알아보자.

주택법 개정안의 핵심은 분양가상한제가 적용되는 전용면적 25.7평 이하 아파트 중 40%가 40살 이상이면서 10년 이상 무주택인 가구주에게 최우선적으로 청약기회를 부여한다는 점이다. 기존의 만 35살 이상 5년 이상 무주택 가구주에게 75%를 공급하던 것에 비하면 대폭수정된 셈이다.

정부는 이번 제도 개편을 통해 공공택지 안에서 발생하는 주택사업자의 과도한 개발이익을 국민주택기금으로 환수해 임대주택 건설자금 등으로 활용하고, 공공택지에서 중산·서민층에게 비교적 저렴한 주택을 공급할 수 있을 것이라 기대하고 있다.

특히 싼값의 주택을 공급받은 사람이 거주목적보다는 단기 시세차익을 챙기는 투기적 수요가 늘어날 것이라는 우려가 있어 정부가 부작용 방지를 위해 전재 금지기간과 재당첨 금지기간을 대폭 강화한 것 또한 이번 개정안의 특징이다. 구체적으로 청약과열이 우려되는 수도권 과밀억제권역 및 성장관리권역에 대해서는 상한제 주택분양권이 향후 5~10년간 재당첨이 제한(수도권 과밀억제권역·성장관리권역에서는 10년간, 기타지역에서는 5년간)된다. 그리고 분양가상한제와는 별개로 현재는 투기과열지구에서 과거 5년 안의 당첨자에 대해 청약 1순위를 제한하고 있으나 앞으로는 과거 10년 동안 당첨자까지 청약 1순위가 제한된다.

한편 공공택지에 대한 개발이익 환수를 위해 25.7평 초과 주택용지는 채권매입의 상한이 없는 안전경쟁 입찰방식으로 공급된다. 이 경우, 판교 신도시는 인기가 높아 분양가도 크게 오르게 되는데 결국 대형아파트는 올해보다 비싸지고 소형아파트는 다소 값이 내려가게 된다.

이러한 개정안은 2005년 3월부터 시행되며 6월 아파트가 공급될 예정인 판교 신도시부터 적용될 전망이다.

내 집 마련, 어떤 전략이 필요할까?

정부 개정안이 대폭 변경되면서 판교 신도시에 투자를 손꼽아 기다리던 실수요자들의 청약전략 또한 수정이 불가피할 전망이다. 성남거주 40살 이상이면서 10년 이상 무주택자는 총 6번 당첨기회를 갖게 돼 판교의 전용면적 25.7평 이하 아파트에 당첨될 가능성이 매우 높다. 1순위 청약통장을 가고 있다면 거의 당첨된 것으로 볼 수 있기 때문에 2005년 분양을 위해 자금마련이나 하면서 느긋하게 기다리면 될 듯하다. 단 전매금지와 재당첨 금지기간이 대폭 강화됨에 따라 충분한 자금계획을 통해 청약에 나서야 한다.

반면 기존의 35살 이상 39살 이하 5년 무주택자는 이번 개정안으로 인해 40살 이상 무주택자에게 상당 물량을 뺏기는 바람에 당첨 확률이 대폭 낮아질 전망이다. 이런 사람들의 경우 25.7평 이상 중·대형 아파트 청약으로 눈을 돌리는 것이 좋다.

40살 이상 무주택자 도는 성남 주민이 아니라면 청약저축이나 청약부금을 청약예금으로 바꿔 1년 후 청약하는 것도 한 방법이다.

그 밖에 2, 3순의 청약통장 소유자는 물론이고 단순히 1순의 통장을 갖고 있는 성남거주 회 주민들의 경우 당첨확률이 로또 복권과 같아 일찌감치 수도권 주변이나 다른 유망지역을 알아보는 것이 나을 것이다.

수도권 인근
대체지를 주목하라

분당에 버금가는 입지조건으로 눈길을 끌었던 판교 신도시의 경쟁률이 하늘을 찌르면서 판교를 위해 청약통장을 아껴뒀던 사람들의 마음은 심란하기만 하다. 무주택자 우선 공급이 확대되면서 당첨확률이 더 떨어졌기 때문이다.

판교 신도시는 올해 부동산 시장에서 매력적인 인기상품이긴 하지만 당첨 확률이 그리 높지 않기 때문에 결국 많은 이들이 청약전략에 대대적인 수정이 불가피해 보인다.

이런 분위기에서 "판교를 꼭 고집할 필요가 있나?" 하는 목소리가 조심스럽게 흘러나오고 있다. 물론 인기 있는 지역은 그만한 이유가 있겠지만, 가능성이 없다고 판단되면 일찌감치 다른 곳으로 눈을 돌려보는 것도 좋은 방법이기 때문이다.

용인, 서현, 수내, 야탑 일대 눈여겨볼 만

2005년 수도권 입주 물량이 2004년보다 3만 4,056가구 감소하고 공급 물량 또한 줄기 때문에 새 아파트의 희소가치는 더욱 높아질 전망이다. 2005년 4월 개발이익환수제가 시행되면 재건축에 대한 메리트는 크게 떨어지기 때문에 재건축보다는 주상복합 아파트 쪽으로 관심을 돌려야 할 듯 싶다. 임대아파트 의무 건립에 따라 조합원의 부담금이 증가한다.

수도권 지역의 경우 판교와 인접한 용인 일대 새 아파트에 눈길을 돌려보는 것도 괜찮다. 용인 일대는 판교개발과 더불어 교통여건이 크게 개선된 데다 2005년 상반기까지 15개 단지 1만 2천여 가구가 분양될 예정이어서 판교 실수요자라면 대체 주거지로 좋다.

특히 용인 일대가 2008년 영덕~양재고속화도로 개통 및 분당선 연장, 용인 경전철, 2014년 신 분당선 연장 등으로 교통여건이 크게 개선된다.

용인을 제외하고도 동천, 신봉, 성복지구도 눈여겨볼 만하다. 6개 도로가 신설되어 교통이 크게 개선될 전망이다.

판교의 후광지역으로 서현, 수내, 야탑도 판교와 인접하고 있는데다 상업 및 업무시설이 연계되어 상승효과가 있을 듯하다. 서울 저밀도지구 재건축 아파트의 경우도 판교와 버금가는 입지여건과 물량을 자랑하고 있어 눈길을 끄는 곳이다. 입지조건이나 투자수익, 당첨확률이 높은데 반해 분양가격이 비싸 어느 정도 여유가 있는 사람에게 적당하다.

2005년 1~2월부터 공급이 시작되는 송파구 잠실시영 6884가구, 잠실

주공 2단지 5563가구, 잠실주공 1단지 5678가구, 삼성동 AID영동차관 2070가구, 강남구 도곡 주공2차 768가구 규모로 나올 예정이다.

또 서울시가 추진하는 뉴타운 3차 사업지역도 주거환경이 크게 개선될 예정이라 2005년에는 주목대상이다. 3차 뉴타운 후보지로 거론되는 곳으로는 광진구 중곡 4동, 도봉구 창 2·3동, 송파구 거여·마천동, 양천구 신월 2·6동, 금천구 시흥 3동 등으로 대부분 2차에 탈락한 지역이 포함될 전망이다.

강동구·송파구와 인접한 하남시 풍산지구와 광명시 소하지구 분양도 주목할 만하다. 지방에서는 2월 분양예정인 경남 양산신도시 물금지구가 선보일 예정이다.

2005년 주목받는 수도권 지역

한편 여유가 된다면 서울 외곽 수도권 일대 주변지역의 땅을 구입하는 것도 괜찮은 재테크가 될 수 있다. 주5일 근무제의 확산으로 주말을 이용해 외곽으로 나오는 사람들이 부쩍 늘고 있어 도시에서 2시간 정도 거리에 위치하고 자연과 어우러진 곳이면 투자가치가 있다. 단 토지에 투자 할 경우 땅의 용도나 자금계획 등 장기투자계획 속에서 이루어져야 한다.

투자 유망지역으로는 평택·용인·원주 등이 꼽힌다. 포승공단을 비롯해 대규모 택지지구가 진행되고 있는 평택도 눈여겨볼 만하다. 경부고속철도개통, 평택에서 음성 간 고속도로 건설 등으로 교통이 편리해지고 미군기지 이전으로 땅값이 오를 것으로 보인다.

MBC 영상테마파크 건립지로 예정되고 있는 경기도 용인의 백암면 일대와 배후신도시가 들어서는 용천리와 옥산리, 장평리 일대가 꼽힌다. 특히 옥산리 지역에는 신도시 단지가 들어설 전망이어서 수도권 외곽지역에서 출퇴근도 가능할 것으로 보인다.

경춘선 복선전철화사업, 서울-춘천고속도로 건설 등으로 교통문제가 개선됨에 따라 서울에서 1시간 대로 이동이 가능해진 원주도 투자지역으로 꼽힌다.

그 밖에도 부동산포탈 NO.1 닥터아파트가 내놓은 2005년 주목받을 수 있는 수도권 지역과 관심단지를 소개한다.

1. 성동구 서울숲 주변

35만평 규모의 성동구 성수1동 서울숲 일대 단지들이 관심을 끈다. 2005년 4월 완공 예정인 서울숲은 예술공원, 생태숲, 수변공원 등 각종 공원에 야외무대, 자전거도로, 이벤트마당 등 편의시설이 들어선다.

서울숲 진입을 위해 △강변북로~용비교 성수대교 북단 교차로 구간 - 편도 2차로씩 폭 6.5m, 길이 1540m로 신설 △성수교차로 중앙분리대 설치, 폭이 1m 늘어난 10~18m, 길이 1119m로 개선 △용비교~뚝섬길 구간 왕복 6차로 폭 16.7~29m, 길이 1005m로 조성 된다.

관심단지로는 성수동 강변건영이 있다. 28~33평형 580가구로 2002년 2월 입주해서 내년이면 입주 3년 되는 새 아파트. 2호선 뚝섬역, 성수역을 걸어서 10분이면 이용할 수 있다. 15층 이상이면 한강조망이 가능하다는 장점이 있다.

그 밖에 성수동2가에 위치, 2003년 9월 입주한 롯데캐슬파크가 있다. 서울숲까지는 차로 5분정도 가야 하지만 지하철 2호선 성수역을 걸어서 2분이면 이용할 수 있는 역세권 단지. 604가구에 24평형에서 42평형까지 다양한 평형대를 가지고 있다는 장점이 있다.

2. 파주 신도시, LCD 공장, 출판단지 관련 – 파주 지역

파주 신도시는 현재 개발계획수립 중으로 내년 6월부터 분양을 목표로 하고 있다. LG필립스 LCD 공장의 경우 2006년까지 관련 연구기관 등을 건립하고 일부제품 생산을 목표로 올해 착공했으며 교하지구 서쪽으로는 출판문화단지가 조성될 예정으로 산업단지 배후에 따른 수요층 확보가 쉽다.

파주 금촌2지구 주공그린빌7단지가 있다. 28~32평형 1,1백33가구의 대단지로 2005년 5월 입주 예정이다. 지구내 초등학교 4곳, 중학교 2곳, 고등학교 1곳이 신설될 예정이며 가장 큰 장점으로 곡릉천변으로 조망권이 탁월해 조망권 프리미엄을 기대할 수 있는 단지이다.

그 밖에 전매금지 상태지만 내년 12월 입주예정인 파주 · 교하 지구 동문굿모닝힐 3블럭이 있다. 32평형, 35평형 382가구며 남향으로 근린

공원이 자리하고 있어 주거환경에 쾌적하고 조망권이 좋다. 자유로 접근성이 지구안에서 가장 좋다는 장점이 있다.

3. 분당 야탑동, 용인 수지 일대 - 판교분양

2005년 상반기 최대 관심분양 물량으로 꼽히는 판교 신도시로 인해 벌써부터 주변지역에 대한 관심이 증가하고 있다. 판교 접근성이 뛰어난 단지와 판교 개발로 신설되는 도로를 통해 교통여건이 개선되는 지역을 중심으로 선호도는 증가할 것으로 전망된다. 분당 야탑동의 아이파크는 46~65평형 270가구로 2003년 11월 입주한 새 아파트.

분당선 야탑역을 걸어서 5분이면 이용할 수 있는 역세권 단지로 판교에 차로 5~7분이면 진입이 가능하다. 신도시내 새 아파트가 귀하고 선호도 높은 대형평형으로 수요층이 두텁다.

용인 수지 신봉동 신봉자이1차는 33~59평형 1,990가구의 대단지로 금년 1월 입주한 새 아파트. 대형평형으로만 구성된 다른 단지들에 비해 평형대가 다양하게 분포, 수요층이 두텁다. 산을 접하고 있어 주거환경이 쾌적하다. 인근 5차(1,088가구), 2차(1,626가구)와 더불어 대단위 주거타운을 형성한다.

4. 경부선 복선전철(수원역~병점역) 개통

현재 병점역 까지만 돼 있는 수도권 전철이 천안까지 연장된다. 수원~병점 구간은 2003년 4월 개통됐고 병점~천안구간이 2005년 완전 개통

될 예정이다.

오산 인근 택지개발 지구인 수청, 궐동지구 내년 입주 물량들이 있다. 수청지구가 수청역을 걸어서 이용할 수 있다는 장점이 있다. 오산 수청지구 우미이노스빌이 있다. 17~34평형 990가구의 대단지로 2005년 2월 입주예정이며 수청역을 걸어서 10분 안에 이용할 수 있다. 오산시내 롯데마트, 투마트 등을 차로 10분이면 이용할 수 있다.

원가연동제 아파트를 공략하라

2005년부터 공공택지에서 분양하는 전용면적 25.7평 이하 아파트는 사실상 정부가 분양가의 상한선을 정해주는 원가연동제가 실시된다. 원가 연동제란 땅값에 정부가 고시한 표준건축비를 보태 분양가를 정하는 것을 말한다. 대상 아파트는 택지비, 공사비, 설계 · 감리비, 부대비용 등 주요 항목의 원가를 공개하게 된다. 이로 인해 업체의 이윤이 줄고 분양가를 낮추는 효과를 얻을 수 있다.

특히 2005년에는 원가연동제와 채권입찰제가 시행이 예고되어 새 제도가 시행될 경우 25.7평 이하의 아파트는 20~30%, 그 이상은 10~20% 분양가가 올라갈 것으로 예상된다.

원가연동제 시행, 내 집 마련 호기

집 없는 서민들의 경우 어느 시점에 집을 사야 될지가 늘 고민거리다. 올해의 경우, 원가연동제가 실시되는 무렵이 가장 집을 사기 적당한 시기라고 볼 수 있다. 원가연동제가 실시됨으로써 25.7평 이하의 아파트는 분양가 인하가 불가피하기 때문이다.

분양시장의 투기장화와 공급 위축 등의 이유로 실시 전부터 찬반여론이 뜨겁지만 실수요자 입장에서는 현재보다 내 집 마련이 한결 수월해 진다는 점에서는 누구도 이의를 달지 않는다.

원가연동제 실시로 공공택지 내 아파트 분양가 인하 효과, 인근 아파트 분양가 동반 하락, 주변 집값 상승 부작용 차단 등의 효과를 볼 수 있을 것이라 점쳐지고 있다. 또한 중소형 아파트는 고급 중소형 아파트에서 실속형 아파트로 탈바꿈할 것으로 전망되며 대형과 중소형 평형간의 주택 품질의 격차가 크게 벌어질 것으로 예상된다.

원가연동제의 실시로 판교 신도시, 하반기 파주 신도시, 2007년 상반기 김포 · 수원 행정 신도시 등 수도권 제2기 신도시와 주요 택지개발기구의 경우 원가연동제 영향으로 아파트 분양가가 대폭 낮아질 예정이다. 단, 2005년 2월경 분양예정인 화성 신도시 아파트는 원가연동제가 적용되지 않는다.

또 2005년 분양할 예정인 고양시 행신2지구, 화성시 태안3지구, 광명시 소하지구, 성남시 도촌지구, 남양주시 가운지구, 의정부시 녹양지구 등의 택지지구도 원가연동제 적용대상이라 저렴한 가격으로 아파트 분양이 가능하다.

특히 원가연동제 적용대상 아파트가 택지개발지구 내 전용면적 25.7평 이하인 만큼 실수요자들은 관심을 가질 필요가 있다. 특히 판교신도시 등 택지개발지구 내 국민주택 규모 이하 아파트에 대해서는 청약통장을 사용하는 게 좋다.

그리고 25.7평 초과 중대형 아파트를 생각하는 사람들은 제도 시행 전에 청약하는 것이 유리하고, 중소형 평형을 생각하고 있다면 청약을 원가연동제 시행 전에 급하게 할 필요가 없을 듯하다.

원가연동제 '후폭풍' 염두에 둬야

그러나 원가연동제의 실시에 대한 우려의 목소리 또한 있다. 분양가가 낮아지면 청약과열 현상이 빚어져 분양시장이 투기장화될 위험성은 물론 부실시공으로 인한 아파트 품질저하, 공급 위축 등을 이유로 들고 있다.

이러한 후폭풍을 고려해 정부에서는 청약배수제 도입 등 청약자격을 강화하고 입주 후 일정 보유기간을 의무화하는 등 가수요 차단제도의 도입을 고려 중이다. 특히 공사비가 줄어들면서 부실시공의 위험이 있어 감리제도도 강화되어야 한다.

또한 정부는 원가연동제 아파트에 대한 전매제한 기간 범위를 '분양 계약 체결 이후 최장 5년'으로 정했다. 즉 분양권 상태에서 2년, 입주 후 길게는 3년 동안 집을 팔 수 없게 된다는 점도 명심하자.

2005년 서울의 모습은 확연히 달라질 것으로 예상된다. 2004년 서울 시청 앞 광장에 녹색잔디가 깔리더니 양재천 하천 환경복원사업이 이루어진 후에는 주변 거주민들의 삶에 많은 변화를 주었다고 한다. 먼지로 가득 찼던 서울의 이미지가 녹색도시로 조금씩 변모를 꾀하고 있는 것이다.

특히 그중에서도 2005년 가장 기대를 모으고 있는 곳이 바로 청계천 일대이다. 2005년 9월 복원공사 완료를 앞두고 청계천변 부동산이 활기를 띠고 있다. 엄청난 수리비로 인해 돈 먹는 다리로 통하던 청계고가가 철거되고 그 자리에 자연하천을 비롯한 녹지공간이 들어서면서 서울의 대표적인 생태공간으로써 청계천 일대가 신 주거 지역으로 떠오르고 있다.

무엇보다 청계천 대로변의 땅값 상승세가 눈에 띈다. 지난해 10월 평당 6,000만 ~7,000만 원 하던 대로변 고층 상가의 경우 현재 호가가 9,000만 원 정도로 최고 50% 이상 오른 셈이다. 그만큼 이 일대의 재개발사업 일정은 수요자의 눈길을 끌고 있다. 특히 1982년 재개발구역으로 지정됐다가 최근 주민조합을 구성, 재개발이 본격화되고 있는 예지동 일대는 초미의 주목대상이다.

현재 청계천 복원공사의 수혜대상으로 떠오르는 단지는 성동구의 마장동 현대모닝사이드(1017가구), 하왕십리동 청계백산(822가구), 마장동 신성미소지음(266가구)와 동대문구 용두동 신동아(772가구)가 있다.

저렴한 정기보험으로
갈아타라

얼마 전 사회에 첫 발을 내딛은 이모(29) 씨는 직장인들의 필수품이라 할 수 있는 보험가입을 위해 보험설계사를 찾았다. 직장 사람들의 얘기를 듣고 처음에는 종신보험에 들려고 했지만 가격대를 보고는 걱정부터 앞섰다. 직장생활을 막 시작한 이 씨에게 월 15만 원의 보험료가 너무 부담스러웠기 때문이다. 그렇다고 보험에 가입하지 않을 수도 없고 이씨는 결국 심각한 고민에 빠졌다.

요즘 같이 경기가 어려울 때는 이처럼 매달 내는 보험료마저 부담스러운 게 사실이다. 하지만 경제사정이 좋지 않다고 보험을 안 들 수도 없는 노릇이다. 이럴 때 적합한 보험 상품이 없을까?

종신보험과 유사한 보장을 받을 수 있으면서도 가격은 저렴한 '정기보험'이 바로 그것이다. 정기보험은 보험료가 종신보험에 비해 최고 50%가량 저렴해 보험료 부담을 느끼는 사람들에게 적합하다. 재해·암

치료·입원 등의 특약을 통해 위험을 추가로 보장받을 수 있도록 설계돼 더욱 구미가 당기는 상품이다.

보장은 '종신'에 가깝게, 보험료는 반값에

죽을 때까지 평생 보장되는 종신보험에 비해 정기보험은 정해진 기간만큼만 한시적으로 보장된다는 점에서 차이가 있다. 대신 보험료는 크게 저렴한 편이다. 특히 정기보험은 위험에 가장 많이 노출될 수 있는 30~40대 보장에 초점을 맞추고 있어, 불의의 사고를 대비하면서도 절약한 돈은 연금보험에 가입하는 등 노후준비에 투자할 수 있어 또 다른 재테크의 기회가 된다.

정기보험에는 순수 보장형과 만기 환급형이 있는 데, 순수 보장형은 만기에 환급금이 없는 대신 보험료가 상대적으로 저렴하고, 만기 환급형은 보험기간이 만료될 때 납입한 보험료를 100% 돌려받을 수 있지만 보험료가 비싸다. 또한 정기보험에 가입하면 종신보험과 마찬가지로 소득공제 혜택도 받을 수 있다. 현재 이러한 정기보험을 팔고 있는 생명보험회사는 약 17개 정도 된다. 각각의 생보사에서 내놓은 상품들을 보면 그 특징도 다양하다.

최근 대형 생명보험사들이 연이어 진출하고 있는 '다이렉트보험'은 고객이 전화나 인터넷 등을 통해 보험사와 직접거래가 가능하도록 되어 있어 보험료가 10% 안팎 저렴하다. 단 보장이 상대적으로 제한적이거나 개개인 맞춤형 가입이 어려운 단점이 있어 일반상품과 꼼꼼히 비교한 뒤 가입하는 게 좋다.

삼성생명이 내놓은 '삼성슈퍼정기보험'의 경우 담배를 1년간 피우지 않으면 보험료를 20%가량 추가할인해주는 특전을 부여하고 있어 눈길을 끈다. 새해에는 보험가입을 기회로 담배를 끊어보는 것도 좋은 방법일 듯하다. 동양생명의 '골든라이프정기보험'은 일부 특약에만 한정되어 있는 다른 정기보험과는 달리 14가지의 특약유형으로 종신보험과 거의 같은 특약을 선택할 수 있다는 점에서 눈길을 끈다. 신한생명은 사망원인에 관계없이 사망보험금 1억 원을 보장하는 '콜-정기보험'을 판매중이다.

전환 가능 여부 따져봐야

보험료가 저렴하다는 이유로 정기보험에 덥석 가입하게 되면 나중에 낭패를 당할 수도 있다. 우선 정기보험을 나중에 종신보험으로 전환할 수 있는지 여부와 전환조건은 어떤지 따져봐야 한다. 20~30대에는 가격이 싸다는 이유만으로 정기보험에 가입을 하지만 정작 소득이 없어지는 노후에 무보장 상태가 될 수 있기에 적정한 시기에 정기보험 외에 종신보험과 같은 보험으로의 전환이 필요하다.

그렇다고 무조건 전환이 되는 것은 아니다. 현재 대부분의 정기보험은 가입자 연령 65살 이전, 정기보험 만료 2년 이전 등의 조건에 맞추어 전환을 해야 하기 때문에 미리 전환가능 여부와 조건 등을 따져봐야 한다. 또한 연령이 높아질수록 보험료가 비싸지기 때문에 하루라도 젊을 때 보험에 가입하는 것이 유리하다는 것은 상식이다.

경제적 어려움이나 부주의로 인해 보험료가 연체되는 경우가 간혹 있을 수 있다. 이럴 때 보험을 중도 해약하면 손해를 볼 수 있기에 오히려 보험사의 다양한 제도를 활용해 보험을 지속시키는 것이 좋다. 만약 보험료가 몇 개월 연체되어 있는 경우 보험료를 한꺼번에 처리하기 힘든 상황이라면 '순연부활제도'를 권하고 싶다. 이 제도는 일단 미납 첫 회분 보험료만 내 보험계약은 살려두고 나머지 미납 보험료는 연체한 기한만큼 납입기간을 늘린 후에 낼 수 있도록 설계되어 있다.

또한 일시적인 경제적 어려움으로 당장 보험료를 내기는 어렵지만, 사정이 좋아져 보험료를 계속 낼 수 있는 사람이라면 '보험료 자동대출 납입제도'를 활용하면 된다. 지금까지 자신이 낸 보험료를 담보로 약관대출을 받아 보험료를 대신 내주는 방식으로 보험계약을 유지시켜주는 제도다. 자동대출 납입은 최대 1년까지 유효하며, 더 이용하고자 원할 때는 서면으로 재신청해야 한다.

하지만 이와는 달리 보험료를 추가로 내기가 영영 어려운 상황이라면 '감액완납 제도'를 활용하는 것이 좋다. 감액완납 제도는 당초 가입한 계약의 보험기간과 보험금의 지급조건은 바꾸지 않고 보장금액만 낮춤으로써 보험료 납입의무를 면제해주는 제도이다. 단 보험료를 3년 이상 납입한 계약에만 적용되며, 보험사고로 이미 보험금을 지급한 계약은 해당하지 않는다.

방카슈랑스와 온라인 보험

예전에는 보험 하면 보험설계사를 떠올렸다. 그러나 요즘은 보험을 은행·증권사·저축은행에서도 가입이 가능하다. 방카슈랑스 시행으로 고객들의 보험가입 채널이 확대된 것이다. 또 설계사를 만날 시간이 없는 바쁜 직장인이나 맞벌이 부부의 경우 일부러 시간을 쪼개서 보험설계사를 만나지 않고 인터넷으로 보험에 가입할 수도 있다.

은행의 방카슈랑스 상품을 활용하자

방카슈랑스란 프랑스어로 '은행'(Banque)과 '보험'(Assurance)이란 단어가 합해진 용어로, 보험 설계사를 통해 보험을 가입하는 것이 아니라,

예금에 가입하듯이 은행 창구를 통하여 고객이 상품을 선택하고 가입하는 것을 말한다.

이미 선진국에서는 70% 이상이 은행을 통하여 보험을 가입하고 있다. 고객은 자신에게 꼭 맞는 보험 상품을 더 저렴하고 간편하게 가입할 수 있는 장점이 있다.

현재 방카슈랑스 상품으로는 생명보험 상품으로 연금보험·저축보험·신용생명보험·저축성보험·어린이보험·양로보험 등이 있고 손해보험 상품으로는 저축성보험·상해보험·종합보험 등이 있다. 보험회사나 설계사들의 반발이 있긴 하지만, 방카슈랑스 상품을 추가적으로 확대해가고 있다.

기존 상품보다 15~20% 저렴한 '온라인 보험'

최근 젊은 세대들을 중심으로 인터넷 전용 보험 가입자가 늘고 있다. 보험설계사를 통하지 않는 만큼 보험료가 저렴한 것이 온라인 보험의 가장 큰 특징이다. 생보사들 또한 사업비 절감과 함께 인터넷 상품홍보와 고객관리의 중요한 통로가 마련된다는 의미에서 온라인 보험을 확대해가고 있다.

온라인 보험의 가장 큰 특징은 보험설계사가 따로 없다는 것이다. 즉 보험설계사에 들어가는 사업비가 절감돼 기존 상품에 비해 보험료가

15~20% 저렴하다.

또한 과거에는 보험설계사가 일일이 사람들을 찾아다니며 보험 가입을 권유했다. 이러다보니 순간 분위기에 휩쓸린다거나 아는 사람의 부탁이라 원치 않는 보험에 가입하고 뒤이어 후회하는 경우가 많았다. 하지만 보험설계사를 통하지 않고 직접 인터넷을 통해 보험가입을 할 경우에는 다른 생보사들과 일일이 비교를 하며 자신에게 맞는 보험설계를 자율적으로 할 수 있다. 가입도 간편해져 더욱 인기다.

온라인 보험가입은 보험사 홈페이지에서 청약서에 이름·주민등록번호·주소·직업 등 필수사항을 기재한 후 전자인증서를 내려받아 청약서 자필서명을 대신하면 된다. 혹 보험가입이 거절될 경우에는 거절통지를 이메일로 보내주고 해당 계좌로 보험료가 반환된다.

온라인 보험 초반에만 해도 설계가 단순하고 월 보험료가 1만~2만 원대의 저렴한 상해보험이 주류를 이루었다. 하지만 최근에는 인터넷 전용 보험까지 잇따라 출시되면서 가격대도 높아지고 그 종류가 점점 다양해지고 있다. 현재 1년 보험기간으로, 보험료가 1만 원대로 매우 저렴한 레저보험·상해보험·연인보험·운전자보험 등이 선을 보이고 있다.

현재 인터넷 보험을 취급하는 보험사들 중 교보생명이 내놓은 '다이렉트라이프 정기보험'이 인기를 끌고 있다. 대한생명에서 출시한 '참 좋은 건강보험'은 이름 그대로 질병뿐만 아니라 암·재해에 대한 종합 보장이 가능하며, 동양생명의 'e수호천사 종합보장보험'은 한번 가입으로 재해와 7,000가지의 질병을 동시에 보장하는 상품으로 각광을 받고 있다. 그리고 생명보험사들이 전자인증을 통해 인터넷만으로 '원스톱' 가입이 가능한 시스템을 구축해 이후 이용자가 늘어날 것으로 보인다.

온라인 보험 알고 가입하자

보험설계사를 통하지 않는다는 점은 온라인 보험에 있어서 장점이자 단점이다. 전문가의 상담을 받지 못하면서 직접 가입하는 일반인이 상품내용을 더 꼼꼼히 확인할 필요성이 커졌기 때문이다.

보통 폭넓은 보장을 제공하는 상품은 상대적으로 보험금이 낮고 보장범위가 좁은 상품은 지급수준이 높은 경우가 많다. 특히 생명보험은 자동차 보험과 달리 보장내용이 표준화돼 있지 않기에 가입 전에 상품내용을 잘 살펴봐야 한다.

또 만기환급형의 경우 보험료가 높은 대신 만기에 납입 보험료를 환급해주지만, 순수보장형의 경우 저렴한 보험료 대신 만기에 환급금이 없기에 가입 전에 이에 대한 확인이 반드시 필요하다.

이왕이면 온라인 상품에 대해 노하우가 풍부한 회사가 좋다. 특히 생명보험의 경우 자동차 보험과 달리 보장기간이 길고, 보장금액도 큰 만큼 보험사의 경영안전성·지급능력도 함께 고려해야 한다.

또 나중에 불이익이 생기지 않기 위해 본인의 병력은 숨기지 말고 사실대로 기재해야 한다. 그리고 보험가입 후에는 증권 · 약관 · 청약서 등 이 도착하면 사실 확인 작업을 거친 후 잘 보관해둔다.

TIP ■ 홈쇼핑 보험 이것만은 주의하라

최근 들어 홈쇼핑 채널의 보험 판매가 늘고 있다. 홈쇼핑 보험 판매는 고객 입장에서는 빵빵한 보장에 저렴한 보험료, 간편한 가입 절차 등으로 혜택을 볼 수 있으며, 홈쇼핑사의 경우 배달·보관·재고관리 등의 비용이 들지 않는데다 방송 한 번으로 과거 보험설계사가 한 달간 발로 뛰는 것보다 훨씬 높은 이득을 취할 수 있다.

하지만 제대로 된 확인작업 없이 섣불리 가입했다가는 낭패보기 십상이기 때문에 유의할 점을 미리 꼼꼼히 체크후 가입해야 한다. 홈쇼핑을 보는 사람들이 쉽게 걱기 쉬운 오류가 시각적인 부분에 쉽게 현혹된다는 것인데 보험판매에서도 예외는 아니다. 보통 홈쇼핑 보험판매의 경우 최고 보장금액이라는 말로 소비자를 현혹하는 경우가 많다.

특히 건강보험은 주요 보장내용이 주요 질병의 진단과 수술·입원 등으로 되어있는데도, 일부 상품은 모든 질병의 진단금액을 합산하여 최고 보장금액이라고 보여주기도 하기 때문이다. 최고 얼마라는 금액에 현혹되기보다는 실질적인 보장내용을 구체적으로 파악하는 것이 중요하다.

또 건강보험·암보험은 보장기간이 긴 상품이 좋다. 그런데 그런데 보장기간이 10~20년인 일부 보험상품은 보장기간을 제대로 알리지 않는 경우가 종종 있기에 여기에 따른 확인이 필수다.

홈쇼핑을 보다 보면 쇼호스트의 상품판매 능력에 따라 보험을 선택하기 쉬운데 한 상품만 보고 판단하지 말고 다른 방송에서 소개되는 상품과 비교해서 가입하는 지혜가 필요하다.

꿩 먹고 알 먹는
변액보험

일반적으로 보험이라고 하면 각종 위험으로부터 보장을 받기 위한 수단으로 통용되어 왔다. 그러나 요즘 같은 저금리 시대에는 이러한 보장성 보험만으로는 부족한 감이 있다.

그래서 보험에 투자상품의 성격을 가미한 변액보험이 최근 큰 인기를 끌고 있다. '이왕이면 다홍치마' 라는 말이 있듯이 보험의 보장성에 펀드의 수익성까지 더해 안전하면서도 수익을 올릴 수 있는 꿩 먹고 알 먹기 상품인 셈이다.

네덜란드에서 보험금의 실질가치를 보전하기 위해 1956년 최초로 도입된 변액보험은 펀드 운용 실적에 따라 보험금이 달라지기 때문에 인플레이션으로 돈 가치의 하락을 걱정하는 가입자들에게 유익하다.

보험의 보장성+펀드의 수익성

변액보험은 보험사가 고객이 낸 보험료 일부로 펀드를 만들어 주식이나 채권에 투자하는 상품이다. 즉 보험사가 투자한 자금의 운용실적에 따라 나중에 타는 보험금이 달라진다. 물론 실적이 좋으면 '보험금+알파' 지만 실적이 나쁘면 일반 보험에 비해 수익률이 떨어질 수도 있다.

그래서 계약자들은 주식시장 전망이 좋을 때는 주식비중이 상대적으로 높은 혼합형으로 갈아타고, 주식시장 전망이 좋지 않을 때는 안정적인 채권형으로 옮길 수 있다.

변액보험으로 판매되고 있는 상품으로는 2001년 변액종신 보험이 선보인 이래 지금은 변액연금 보험과 변액유니버설 보험까지 출시되었다. 특히 변액유니버설 보험은 보험과 투자 상품이라는 특징에 입출금이 자유롭다는 예금의 특성까지 가미해 더욱 인기다.

변액유니버설 보험, '저축+투자+보장' 한방에

2001년 처음 판매된 변액종신 보험은 보험료의 일부자금을 조성하여 특별계정으로 운영하고, 그 특별계정의 운영실적에 따라 계약자에게 투자수익을 배분함으로써 보험기간 중 보험금액 등이 변동하는 투자형 보험이다. 펀드 운용실적이 마이너스가 되더라도 최저 사망보험금은 보장해 준다. 현재 교보 · SK · 동양 · 신한 등 10개사에서 판매 중이다.

현재 13개사에서 판매 중인 변액연금 보험은 연금형태로 나눠 지급하는 보험으로 투자실적에 따라 지급되는 연금액수가 달라진다. 보험사가 자산운용에 실패해도 원금은 보장되나, 중도에 해약하면 원금이 보장되지 않는다는 점에 주의해야 한다.

3가지 상품 중 가장 늦게 출시됐지만 최근 가장 폭발적인 인기를 끌고 있는 상품은 '변액유니버설 보험'이다. 변액유니버설 보험은 보험사 고유의 보장기능에다 투신사 펀드의 투자 기능과 은행 저축의 기능까지 합친 1석 3조의 상품이라 할 수 있다.

보험료의 납입과 인출이 자유로우며, 투자수익이 저조하더라도 최저 사망보험금을 보장받을 수 있다. 매달 보험료를 내다가도 일정기간 납입을 멈출 수 있고 월 보험료를 형편에 맞게 조절도 가능하다. 돈이 급히 필요하면 해약환급금의 50% 범위 안에서 연간 최대 12번까지 중도인출 할 수도 있다. 대신 수수료는 인출금액의 0.1%만 내면 된다.

위에서 소개한 상품들에는 채권에 주로 투자하는 채권형과 주식편입비중이 50% 미만인 혼합형이 있다.

10년 내에 계약 해지하면 손해

변액보험에 가입하기 전 이것저것 따져보자. 주식과 채권시장 동향을 예의주시하며 가입시점이 언제가 좋은지 살펴봐야 한다. 증시전망이 밝으면 혼합형이 유리하고 시황이 나빠지면 채권형이 안전하기 때문이다. 변액보험은 1년에 4번까지 펀드변경이 가능하므로 주식, 채권시장의 동향에 따라 수익률을 관리할 수 있다. 단 펀드를 옮길 땐 0.1%의 수수료를 내야한다는 것을 명심하자.

변액보험은 다른 보험들과 달리 투자상품이라서 투자운용 실적이 뛰어난 보험사 상품을 고르는 것도 중요하다. 운용사가 투자를 잘못하면 개인의 보험금도 달라질 수 있기에 더욱 신중을 기해야 한다. 각 회사 운용 실적은 생명보험협회(www.klia.or.kr) 홈페이지를 참고하면 도움이 된다.

변액보험은 입출금이 자유롭다는 특징이 있다. 그러나 이것 또한 보험사마다 달라 개인이 직접 보험사마다 입출금이 얼마나 자유로운지 따져봐야 한다. 또 변액보험은 다른 보험처럼 가입 후 7년 동안 보험 판매에 들어가는 각종 비용(사업비)을 원금에서 떼기 때문에 10년 안에 계약을 해지하면 원금을 손해 볼 수 있다는 점을 유념하자.

주5일제 시대의 필수품 '여행보험'

'열심히 일한 당신 이제 떠나라'
CF 카피처럼 답답한 일상을 벗어나 어디론가 떠나고 싶은 사람들이 많을 것이다. 그러나 간혹 여행을 떠난다는 설렘에 여행보험을 들지 않고 떠나는 경우가 있다. 떠날 때도 다녀와서도 행복한 여행이 되려면 첫째도 안전, 둘째도 안전이다. 사고는 예고 없이 찾아오는 것이므로 여행보험은 더더욱 필수이다.

여행보험은 여행기간 동안에 일어나는 사고나 피해에 대한 보상상품이라 가입도 쉽고 보험료도 저렴하다. 성별이나 연령 등에 대한 제한도 따로 없다. 그렇다면 보상범위는 어느 정도일까? 다치거나 병을 얻어 30일 이내에 사망한 경우에 보상이 가능하며, 도난 파손된 카메라 등도 보상해준다. 휴대전화는 보험가입금액 한도 안에서 1품목당 최고 20만 원까지 보상된다. 단 본인의 과실에 의한 손해는 보상이 어렵다. 또 전문 등반이나 스쿠버다이빙 등 위험한 운동으로 다치는 경우는 보상이 어렵다.

만일 해외에서 사고가 발생했을 때는 '해외 긴급지원 서비스'를 이용하면 좋다. 가입은 국내여행의 경우 떠나기 전 2~3일 전에 보험회사 지점, 영업소 등을 찾아 가입하면 즉시 보험증권을 받을 수 있다. 단 해외여행은 일주일 전에 미리 가입해야 한다. 요즘은 인터넷으로도 보험가입이 가능해 편리하게 이용할 수 있다. 보험료는 회사마다 또는 여행기간과 여행지마다 조금씩 차이가 있다. 적게는 2,000원부터 많게는 12만 원까지 다양하다.

앉아서 돈 버는
절세상품

'**세금과** 죽음은 피할 수 없다' 국민의 4대 의무 중 하나이기도 한 '세금'에 대한 서양격언이다. 죽은 사람도 꼼짝 못하게 한다고 하니 이쯤 되면 무서운 생각마저 든다. '稅(세)테크=재테크'라는 말이 생겨날 정도로 저금리시대에는 세금을 덜 내는 것이 부자가 되는 지름길이다. 평생 내는 돈이다보니 세금절약법만 알아도 가계에 큰 도움이 된다.

세금 안내는 상품을 노려라

일반 저축상품의 경우 이자소득에 대해 15.4%의 세금을 떼지만, 비과세상품은 세금을 한푼도 내지 않아도 된다. 세금우대 상품의 경우에는 세금을 이자소득의 9.5%만 뗀다.

세금을 전액 면제받을 수 있는 최고의 절세상품은 뭐니뭐니해도 장기주택마련저축과 개인연금저축이다. 장기주택마련저축(펀드)은 비과세에 소득공제까지 가능해 샐러리맨들에게 적합한 최고의 세테크 상품으로 각광 받고 있다. 분기당 300만 원 한도까지 적립이 가능하며 근로소득자로서 소득공제는 1년 동안 불입한 금액을 기준으로 연간 불입금액의 40%, 최고 300만 원까지 가능하다. 따라서 매달 62만 5,000원씩 1년간 750만 원을 적립하면 40%인 300만 원을 소득공제 받게 된다. 이 상품의 가입자격은 만 18살 이상 무주택자이거나 전용면적 85㎡(25.7평) 이하 1주택 소유자인 세대주다. 배우자나 자녀가 없는 독신 세대주도 소득공제 혜택을 받을 수 있다.

장기주택마련저축은 예치기간이 7년이 넘으면 비과세되는 점을 활용하여 일단 통장을 여러 개 만들어두면 유리하다(분기당 총 예치한도는 300만 원의 제한이 있으나, 통장 수는 제한이 없기 때문). 예를 들어 통장 3개를 만든다면 통장 1개는 매달 얼마씩 저축하고, 나머지 2개는 1만 원으로 일단 통장만 만들어 놓고 4년 정도 묵혀뒀다가 나중에 3년만 불입한 뒤 해약해도 비과세 혜택을 받을 수 있다.

2001년부터 취급하고 있는 연금저축은 연금으로 수령하게 되면 연금소득세 5.5%만 내면 되고, 연간 저축액의 100%(최고 240만 원)의 소득공제 혜택이 주어진다. 따라서 적립액 대비 소득공제를 최대로 누리려면 매달 20만 원씩 부으면 된다. 만약 1천만~4천만 원 소득의 근로자가 매달 20만 원의 연금저축에 가입하면 연말정산으로 약 45만원을 환급받을 수 있다.

목돈을 예치할 수 있는 절세상품에는 이자소득세 전액 비과세인 생계형저축과 장기저축성보험 등이 해당한다. 3천만 원까지 예치하는 생계형저축은 가입기간에 제한이 없고 중도해지 때에도 발생이자에 대해 전액 비과세 혜택을 얻을 수 있다. 60살 이상이나 장애인 등만 가입이 가능하다는 단점은 있다.

장기저축성보험은 만기에 납입보험료 합계액보다 만기 환급금이 많은 보험 상품으로 10년 이상 유지할 경우 비과세 혜택이 주어지므로 금융소득종합과세 대상자들이 절세상품으로 많이 가입해왔다.

조합예탁금은 1인당 2천만 원까지 이자에 대해 농특세 1.4%만 떼며, 신협과 농수협, 새마을금고 등에서 판매된다. 의무 예치기간이 따로 없어 단기 자금을 운용할 때 이용하면 좋다. 간헐적으로 선보이는 절세형 상품인 선박펀드도 배당소득에 대해 2008년까지 1인당 3억 원에 대해 비과세 혜택이 있다.

생활 속에서 실천할 수 있는 절세방법도 있다. 연말정산할 때만이 아니라 평소에 각종 증빙서류를 챙기는 습관을 들이는 것이다. 근로소득자는 연말정산 때 소득공제나 세액공제를 받을 수 있는 상품을 노리는 것도 절세의 비결이다. 절세상품을 이용할 때 전액 비과세되거나 일부 감면받는 대신 상품마다 가입자격이나 중도해지에 대한 제한이 많은 편이다. 사전 확인을 통해 자신에게 적합한 상품을 선택해야 한다.

2005년 달라지는 세제를 알자

앞서 얘기했듯이 우선 절세를 위해서는 정보가 있어야 한다. 현재의 세법 규정은 물론 정부의 미래 세제개편 방향에 이르기까지 관련 정보를 알고 있어야 절세가 가능하다. 말하자면 절세를 잘하려면 정부의 세제개편에도 눈을 크게 떠야 한다. 해마다 발표되는 세제개편안을 잘 살펴보면 세금을 절약할 수 있는 세테크 요령이 곳곳에 숨어 있기 때문이다. 특히 2005년에는 세금 관련 제도들이 대폭 바뀌기 때문에 관심이 필요하다. 예컨대 2005년부터 신용카드 소득공제는 신용카드 사용액과 현금영수증을 합쳐 산정되기 때문에 현금으로 계산할 경우 영수증을 반드시 챙겨놓아야 소득공제 혜택이 커진다.

현금영수증제도는 5,000원 이상의 물품이나 서비스를 구입할 때 현금과 함께 신용카드나 주민등록번호 등을 제시하면 가맹점에서 소비자에게 현금영수증을 발급하고 현금거래 내역은 국세청에 통보하는 제도이다. 연말정산 때 그 사용액에 대해 소득공제 혜택이 주어진다.

소득공제 한도는 총 급여의 15%를 초과하는 금액의 20%이며 현금영수증 가맹점에서만 사용이 가능하다. 현금이나 신용카드 사용액에 대한 소득공제 혜택은 같기에 1만~2만 원의 소액은 현금으로 계산하고, 그 이상은 신용카드로 계산하는 것이 일반인들에게는 편할 듯하다.

또 현금영수증제는 기존과 달리 미성년 자녀가 현금으로 결제한 사용내역까지 소득공제를 받을 수 있어 좋다. 여기다 2005년 현금영수증제도 처음 시행을 기해 총 36억 원의 포상금을 추첨으로 소비자에게 지급할 예정이라 한번 사용해보고 복권의 혜택도 누려보면 좋을 듯하다.

또한 2005년에는 종합부동산세가 도입되며, 직장인들의 소득세율이 1%포인트 하락하고, 표준공제액은 60만 원에서 100만 원으로 오른다. 종합부동산세는 부동산 부자들에게 세금을 중과하기 위해 시행하는 제도이다. 이 제도의 시행으로 적극적인 절세전략이 필요하게 된 부유층들은 배우자 등 가족들에게 증여한다거나 임대로 전환하는 방법을 고려해볼 법하다.

첫째, 보험료는 일시납으로 해결하라

보통 자동차 보험료를 분할해서 납부하는 경우가 많은데, 신용카드의 무이자 할부를 이용해 일시납하는 것이 더 저렴하다. 분할 납부하는 방식과 회수에 따라 1년 보험료의 0.5~1.5%의 금액을 추가하게 되는데 자동차 보험료는 1회분이 1년 보험료의 70%가량을 차지하기에 나머지 30%에 대한 추가 금액이 결코 적다고 보기 어렵다.

둘째, 이왕이면 '출퇴근 및 가정용' 으로 가입하라

차량의 사용 목적에 따라 보통 보험에 가입을 하게 되는데, 가급적이면 '출퇴근 및 가정용' 으로 가입하는 것이 유리하다. 아무래도 '출퇴근 및 가정용' 이 '개인사업용 및 기타용도' 보다는 보험료가 저렴하기 때문이다. 영업부에서 일하는 급여생활자도 '출퇴근 및 가정용' 으로 가입하는 것이 좋다.

셋째, 에어백으로 안전을 보장받고 보험료도 할인받아라

에어백으로 안전도 보장받지만 보험료도 할인받을 수 있다. 에어백이 운전석에만 있으면 10%를, 조수석까지 달려 있다면 20%를 할인해준다. 이후 옵션으로 에어백을 장착한 경우에도 보험사에 알리면 할인이 가능하다.

넷째, 잠깐 소유할 차라면 1년 가입 후 해약하라

중고차를 사서 조금만 타다 팔거나 폐차할 차인 경우에는 보험에 1년으로 가입했다가 해약하는 것이 유리하다. 보통 자동차 보험은 1년보다 짧게 가입하면 더 많은 보험료를 내도록 되어있다. 하지만 1년간 가입했다가 6개월 만에 해약하면 50%, 3개월 만에 해약하면 25%의 보험료만 적용되기에 단기간 가입보다는 1년간 가입하는 것이 유리하다. 다만 차를 팔거나 폐차할 때와 같이 불가피한 경우에만 해당되므로 잘 확인 후 해약해야 한다.

넷째, 운전 조심하면 돈이 생긴다

교통법규를 위반하면 보험료가 할증되기 때문에 최대한 교통 법규를 지켜 보험료를 절약하는 지혜가 필요하다. 또한 보험사고가 많은 사람의 경우 1~2년만에도 할증적용률이 최고 250%까지 올라가기에 보험사고를 내지 않도록 조심해야 한다. 적은 금액의 손해라면 보험으로 해결하지 말고 자비로 처리하는 것이 장기적으로는 오히려 유리할 수 있다.

다섯째, 과거의 운전경력을 최대한 활용하라

군대 운전병, 관공서 및 법인체 운전직, 외국에서의 자동차보험 가입경력은 모두 국내 자동차보험 가입경력과 동일하게 인정받는다. 물론 이 같은 운전경력을 증명할 수 있는 서류를 제출해야 하는 번거로움이 있다. 5월 현재 3년 경력자는 무경력자보다 보험가입 때 최고 45% 보험료가 할인된다. 오래 전에 잘못 적용받아 많은 보험료를 냈더라도 지금 서류를 제출해 입증받으면 차액만큼을 돌려받을 수 있다.

여섯째, 저렴한 부부한정특약에 가입하라

젊은 부부들은 보험료가 5~7% 저렴한 부부한정특약에 가입하는 것이 유리하다. 부부한정특약은 말 그대로 운전자를 부부로 한정하고 그만큼 보험료를 할인해주는 상품이다.

가족 운전자 한정특약은 형제, 조부모, 손자를 제외한 가족이 운전할 때만 보험혜택을 받을 수 있는 상품으로 보험료가 35% 가량 저렴하다. 형제·자매와 차를 같이 쓸 경우에는 가족·형제자매운전특약이 좋다. 가족한정특약보다는 보험료가 비싸지만, 일반 종합보험에 비해서는 5% 가량 보험료를 아낄 수 있다.

운전자가 혼자인 경우는 1인 한정특약에 가입하는 것도 좋다. 이는 부부한정특약 대비 5%, 가족한정특약 대비 8% 저렴한 편이다. 다만 이들 한정특약에 가입할 때엔 운전자 관리에 각별히 유념해야 한다. 단 이러한 가족 형성에 맞게 보험에 가입했을 경우에는 그에 맞게 운전해야 한다. 만약 부부한정특약에 가입하고 부모가 운전을 한다거나, 가족한정특약에 가입후 형제가 운전할 경우 보험료를 받을 수 없다는 것을 명심하자.

3장

2008년 재테크 흐름을 미리 읽는다

미래의 트렌드를
예측하라

　　"시류에는 편승하지 말되, 시장에는 편승하라."는
말이 있다. 재테크에도 유행 또는 트렌드가 있다는 얘기다. 물론 패션이
나 헤어스타일, 가전제품보다야 유행에 덜 민감하지만 말이다. 다시 말
해 소수의 편에 서서 대중보다 반 보 앞선 의사결정을 하되, 길목은 지
키라는 것이다.

　　부자들은 재테크에서도 철저히 유행을 따른다. 투자상품 선택에서는
신중하되 일단 확신이 서면 주저하지 않고 과감하게 투자하는 배짱을
가졌다. 단 여기서 착각하지 말아야 할 것은 재테크에 유행이 있다고 해
서 유행의 끝물에 덤벼들어서는 안 된다는 것. 현명한 사람은 유행이 지
나갈 무렵, 대중이 너도나도 '묻지마 투자'를 할 때 그보다 반 보 앞서
새롭게 다가오는 유행으로 관심을 돌리는 투자전략을 세운다.

　　이러한 점을 고려할 때 향후 2~3년 안에 뜰 종목을 미리 알아보는 것도 매우 의미 있는 일임에 틀림없다. 미래의 트렌드를 예측해봄으로써 대중보다 반 보 앞서가는 투자를 고려해보자.

　미래에는 개인의 여유로운 삶과 건강, 즉 웰빙에 대한 사람들의 관심이 높아지는데다 초고령화 사회로 접어들면서 안정된 노후생활에 대한 관심이 높아질 것으로 전망된다. 그래서 건강과 자연, 레저산업과 관련된 웰빙, 노년층의 급증에 따른 연금상품이나 실버산업, 시간 및 투자 전문성 부족에 따른 간접투자 전성시대, 실물과 연계된 퓨전형 상품의 인기, 저축에서 투자로의 전환(저금리의 지속 가능성에 따른 고위험 고수익 추구), 글로벌 시대의 도래에 따른 해외투자 활성화, 소득의 양극화에 따른 초저가품과 초고가품의 틈새시장 형성, 중산층 이하 서민층의 주택에 대한 개념이 투자에서 거주로의 전환 등으로 변화될 것으로 예측할 수 있다.

농지투자, 전망 밝다

'**아이의** 울음소리가 끊어진 지 오래된 지역, 노인들이 많아서 40대는 어린애 취급당하는 곳'. 우리나라 농촌지역을 두고 하는 말이다. 또 쌀시장 개방을 앞두고 농촌의 신음소리는 더욱 커져만 가고 있다. 농지 가격은 호재가 있는 수도권 일부지역과 충청권 일부지역을 제외하고는 요지부동이다.

그러나 농촌은 기회의 땅이기도 하다. 농촌은 도시에 비해 상대적으로 경쟁이 치열하지 않아 조금만 머리를 쓰면 돈 벌 기회가 훨씬 많기 때문이다. 또 도시와 달리 지역성이 강하기 때문에 정치적인 입김도 세다. 다시 말해 정부나 그 지역 국회의원들이 농민의 경제적인 이해득실을 외면할 수 없는 지역이라는 뜻이다. 그래서 도시에서 실패한 후 농촌으로 돌아가 재기에 성공한 사람들도 꽤 있다. 특히 젊을 때부터 농촌에 살면서 부를 축적한 사람들의 경우는 특용작물 재배, 정부의 저금리 대출 등 각종 특혜 활용, 읍 단위지역 길목에 투자, 도회지 사람들에게 토지거래 알선 등을 통해 재산을 모은 셈이다. 즉 쓸모없는 땅이라 생각 말고 이제 농지에 눈을 돌릴 때다.

농지는 중장기적으로 투자수익이 높은 재테크 수단이자 노후를 위한 안식처가 될 수 있다. "그 땅 사서 어디에다 써?" 하는 사람이 있다면 뭘 모르고 하는 소리다. 정부도 도회지 사람들이 농지에 쉽게 투자할 수 있도록 농지법을 대폭 손질하였다. 농지법 개정으로 300평으로 제한되어 있던 도시민들의 농지소유 규모가 909평까지 늘었다. 특히 농지는 종합부동산세 적용대상에서도 제외돼 도시인들의 구미를 더욱 당기고 있다.

도시민 농지소유 제한 풀린다

과거에는 농지법 규정 자체가 농민이 아닌 사람이 다른 용도로 농지를 사용하는 것에 대한 규제가 엄격했다. 그러나 2005년 하반기부터 농지에 대한 소유 및 임대를 제도화하고, 이용 규제를 완화한다는 것을 주골격으로 하고 있다.

바뀌는 농지규정에 대해 더 자세히 알아보자. 가장 주목할 부분은 도시민이 합법적으로 무제한 농지소유가 가능해졌다는 점이다. 이제 주말체험 농장용으로 최대 909평까지 농지를 살 수 있다. 대신 무분별한 농지매매를 막기 위해 농지가 있는 시·구·읍·면에 신청서를 제출해 농지취득 자격증명을 받아야 하는 까다로운 절차를 두고 있다. 농민들에게 농지임대나 위탁경영도 가능하다.

상속 등을 이유로 농지를 소유하고 있는 도시민들도 1ha를 넘는 농지를 농업기반공사를 통해 임대하면 소유상한 제한이 없어진다. 농지를 경작하지 않아 처분의무를 통지받은 경우 소유자가 농지를 다시 경작 또는 농업기반공사에 농지매도를 위탁하면 3년간 처분명령과 이행강제금 부과를 유예받게 됨으로써 농지가치 상승을 견인할 것으로 예상된다.

또 이후 공시지가가 싼 농촌지역의 농지는 부담금이 크게 줄고, 공시지가가 비싼 도시지역은 일부 부담금이 늘어난다. 생산한 채소나 과일을 그 현장에서 바로 사고팔 수 있도록 농산물 판매시설 및 가공처리 시설을 세우는 것이 가능해졌다. 물론 정부에서는 투기 가능성을 미리 제한하기 위해 수도권·개발예정지 등은 토지거래 허가지역으로 지정해 실수요자 위주로 거래를 제한하는 대책도 함께 추진 중이다.

정부가 농지제도를 이렇게 대폭 뜯어고친 이유는 무엇일까? 농산물 시장 개방이 크게 영향을 미친 것으로 보인다. 이번 개혁의 큰 방향은 대규모 기업농을 육성하고, 농촌에서 농사가 아니더라도 돈을 벌 수 있게 하는 데 있다. 경작규모가 클수록 경쟁력이 있다는 판단 아래 대규모 경작농민에게 논밭을 몰아줘 외국농산물과 경쟁하는 데 경쟁력을 키우겠다는 의도가 엿보인다.

경지정리 안 된 곳, 수도권 유리

'부동산은 현재를 사는 것이 아니라 미래가치를 사는 것'이라는 말이 있다. 토지를 살 때는 현재도 중요하지만 장기적으로 얼마나 가치가 있는지를 따져보는 게 더 중요하다. 앞으로 농지가 뜬다고 하지만 모든 농지가 다 좋은 것만은 아니다. 어떤 농지가 이후 그 가치를 발휘할지 찾아보자.

그린벨트 안의 농지는 환경과 교통여건이 좋아 개발제한 구역에서 해제되면 주거지로 적합하다. 그러나 투자금액이 커 소액투자자의 경우 수익률이 낮으며, 혹 그린벨트가 풀려도 임대아파트 용지로 수용될 가능성이 있어 투자를 피하는 것이 좋다. 경지정리가 되지 않은 농업진흥지역 농지도 장기투자용 고수익 농지로 주목할 만하다.

수도권의 교통망이 새롭게 확충되고 있는 고속전철 역사 및 전철역세권, 개통도로 주변지역 농지도 투자가치가 있다. 단 땅값이 이미 오른 곳은 피하는 게 좋다. 개발재료가 풍부한 신도시의 인기 없는 땅을 사놓으면 이후 어느 정도의 시세차익을 볼 수 있다.

농업진흥지역 밖의 농지 중 영농조건이 불리해 생산성이 낮은 한계농지의 경우, 인·허가 등 절차가 간편하고 비용절감 효과가 있어 펜션이나 전원주택의 개발사업에 투자하면 유리하다. 단 교통이 너무 불편하다거나 접근성이 떨어지는 농지는 투자가치가 떨어진다는 점을 명심하자.

현장답사는 필수, 여유자금으로 매입해야

땅을 매매하는 일인 만큼 현장답사는 필수다. 서류만 봤을 때는 놓치거나 확인할 수 없는 부분들을 직접 눈으로 보고 확인하는 것이 뒤탈이 없다. 주변 분위기나 환경 확인은 기본이며, 경사도가 급하면 허가가 나지 않을 수도 있기 때문에 경사 확인도 필요하다. 진입로가 없어 건축허가를 받지 못하는 낭패를 겪지 않기 위해서는 토지경계와 진입로 확인도 함께 이루어져야 한다.

그리고 토지는 투자액수가 다른 재테크에 비해 큰데다 장기적인 투자가 많아 위험부담이 큰 편이다. 농지투자를 위해 자신의 자금능력을 넘어서 무리하게 대출을 받아 투자하는 것은 피해야 한다. 상황에 맞게 여유자금을 이용해 투자하는 것이 적합하다.

농지를 구입할 때는 현재보다는 미래를 내다볼 수 있어야 한다. 당장 구입하는 데만 연연해 미래에 이 땅을 팔 수 있을 시기의 상황을 고려하지 않으면 실패하기 십상이다. 지금은 토지시장이 활황이라 좋아도 몇 년 후에는 내놓아도 팔리지 않을 수 있다. 이런 상황을 미리 고려해 신도시가 들어올 계획이 있다거나 도로개통이 이루어진다는 등의 메리트가 있는 농지를 선택해야 한다.

토지매매 단계에서 사기를 당해 큰 피해를 입는 사람들이 많다. 대박의 꿈에 젖어 있다보면 사기꾼의 얘기조차도 달콤한 진실로 들릴 수 있는 법이다. 특히 조직적인 대규모 사기단에 걸리는 날이면 대책이 없다.

이런 낭패를 보지 않으려면 미리 돈이 좀 들더라도 믿을 수 있는 컨설팅 회사에 의뢰하는 것이 위험을 피해가는 방법이다. 수수료 몇 푼 아끼려다 수천만 원에서 수억 원까지 날릴 수 있다.

마지막으로 농지를 매매할 때는 주변보다 지대가 높은 토지나 마을에 인접한 토지, 남향의 농지, 논보다는 밭이 훨씬 유리하다는 점을 명심하고 신중한 계약을 하자.

TIP ■ 농지를 구입할 때 이것만은 알아두자

농업 목적으로 구입한 농지는 본인이 직접 농사를 지어야 한다. 정당한 이유 없이 직접 농사를 짓지 않고 농지를 놀리거나 남에게 빌려주거나 농작업을 위탁했을 때는 당해농지를 처분하라는 통지를 받게 된다.

만약 직접 농사를 짓지 않아 취득통지를 받았는데, 그 후에도 처분을 하지 않으면 이행강제금 부과 등 불이익을 당하게 된다. 심지어는 농지취득 과정에서 허위나 부정한 방법이 개입된 사실이 밝혀지면, 고발되어 3년 이하의 징역 또는 벌금에 처해지게 된다.

부동산 중개인의 말만 믿고 농지를 산 후 직접 농사를 짓지 않아 처분명령, 이행강제금 부과 등의 불이익을 받지 않도록 주의해야 한다. 즉 처분통지를 받은 후 농사를 다시 짓게 되더라도 일단 처분부터 먼저 해야 한다.

농업 목적으로 구입한 경우에도 직접 농사를 짓지 않아도 되는 경우도 있다. 군 입대를 하거나, 질병에 걸려 입원하는 경우, 공직 취임 등 정당한 사유로 농사를 짓지 못하는 경우는 여기서 제외된다. 농지를 농업 이외의 다른 용도로 사용할 때에는 전용허가를 먼저 받거나 전용신고를 한 후에 취득한다.

임대아파트를
눈여겨봐라

'**임대아파트**' 하면 한국 사람들은 일단 고개부터 절래절래 흔들기 십상이다. '임대아파트=소형=싸구려 집=가난한 동네' 라는 등식이 자연스럽게 성립되었기 때문이다. 하지만 최근에는 저소득층의 주거안정을 위해 임대주택 정책이 다양성을 갖추면서 임대아파트가 질적인 변화를 보이고 있다. 세련된 단지조경과 30~40평의 넓은 평형을 선보이고 있다.

한국인의 상당수는 내 집 마련을 위해 재테크를 한다고 한다. 전세에서 내 집을 마련하고 또 평수를 늘려가는 것이 사는 재미가 아니냐고 반문하는 사람들도 많다. 특히 전세라든지 월세로 '남의 집살이' 를 한 번쯤 해본 사람이라면 누구나 '내 집 갖기' 에 대한 집착이 더 강한 것이 사실이다. 맞는 말이다. 사람이 살아가는 데 가장 중요한 것이 '의식주' 인 만큼 자신의 집이 있다는 것은 무척 중요한 일이다.

하지만 은행대출을 받아서 무리하게 집을 장만하려고 한다면, 대출에 앞서 내 집 마련자금 · 차입상환금 · 유지비용 등을 먼저 고려해볼 필요가 있다. 대출을 받더라도 내 집을 마련하는 것이 기회비용으로 따져 이득이라면 조금 무리를 하더라도 집을 구입하는 것이 옳다. 단 오히려 손해가 된다고 판단된다면 당장 집을 사기보다는 차선책으로 임대아파트를 고려하는 것도 좋은 재테크가 된다.

똑똑한 재테크를 생각하는 사람들은 '무리하게 빚을 내서 집 장만을 하기보다는 집을 구입할 능력이 될 때까지 안정적으로 임대생활을 하는 것도 괜찮다', '양질의 주거공간만 주어진다면 임대도 상관없다. 차라리 그 돈으로 생활의 질을 높이자'는 방향으로 조금씩 바뀌어가고 있다. 즉 집을 소유에서 거주의 개념으로 생각하는 사람들이 늘고 있다는 것이다.

정부의 정책을 읽어라

정부에서는 2012년까지 임대주택 150만 채를 지어 현재 전체 아파트의 3.7% 수준인 임대주택 비중을 15%까지 끌어올린다는 계획을 가지고 있고 이후 더 활성화될 것으로 예상된다. 또 재건축 개발이익 환수제가 도입되면 임대주택 공급이 크게 늘어날 전망이라 선택의 폭도 넓어질 것이다. 최대 관심지역인 판교 신도시만 해도 6천여 가구가 국민임대로 공급된다고 하니 다른 지역도 자세히 알아볼 필요가 있다.

'저소득층은 임대, 중산층은 분양'이라는 이분법적 시각도 이제 바뀌는 날이 머지않은 듯하다. 일본과 서구 선진국에서는 집을 장만할 때까지, 또는 안정적인 주거를 위해 임대주택을 선택하는 것을 당연하게 여긴다고 한다. 또 프랑스 등 유럽에서는 임대와 분양을 한 단지에 섞음으로써 계층 간 위화감을 줄이는 데 주력한다.

물론 해외와 우리나라는 정서나 생활문화 자체가 달라 집에 대한 개념도 다를 수 있다. 하지만 일본처럼 실용성을 강조한다거나 유럽과 같이 임대아파트에 대한 제도적 보완장치를 두는 부분은 우리나라 사람들도 눈여겨봐야 할 부분이 아닐까?

꿩 먹고 알 먹고

임대아파트의 가장 큰 장점은 뭐니뭐니해도 저렴하다는 데 있다. 정부가 일부 보조금을 지원하기 때문에 임대료가 주변 시세의 50~60% 정도 싸다. 또 임차기간 동안 종합토지세·재산세 등 주택보유 관련 세금에 대한 부담이 없고, 무주택 가구주로서 5년간 임차 후 주택을 매입해서 팔더라도 양도소득세가 붙지 않는다.

특히 임대아파트에 입주하게 되면 의무적으로 영구임대를 해야 하는 것이 아닌가 우려하는 사람들이 있는데 크게 걱정할 필요가 없다. 공공

임대(5년 후 분양되는 5년 임대와 분양전환이 안 되는 50년 임대아파트가 있다)
와 민간 임대아파트의 경우 약속된 임대기간이 지나면 일반 아파트로
전환되며 입주자는 우선분양 기회가 있어 분양전환을 통해 내 집 마련
도 가능하다. 주공아파트는 대규모 택지개발지구에 조성되는 경향이 있
기 때문에 학교·교통 등 여러 가지 면에서 기반시설이 잘 갖추어져 있
다. 분양전환 후 양도할 경우 양도소득세가 비과세되는 세제혜택도 기
대할 수 있다. 그리고 입주 후에도 청약통장을 이용해 다른 아파트 분양
이 가능해 거주하는 중에라도 목돈이 생기면 청약통장을 사용해 다른
아파트로 옮길 수도 있다.

무주택자라면 지금 당장 청약저축에 가입하라

앞서 얘기들을 들어보고 임대아파트에 대한 관심이 높아졌다면 우선
청약저축에 가입하자. 청약저축은 주공의 분양아파트와 임대아파트에
청약할 수 있다. 가입대상은 무주택 세대주여야 하며, 1세대 1계좌로 제
한한다. 매월 2만 원 이상 10만 원까지이며, 5천 원 단위로 자유롭게 넣
을 수 있다. 청약저축 취급은행은 국민·우리·농협 세 곳뿐이다.
1순위 자격은 가입 후 2년이다. 하지만 청약예금이나 청약부금과 달
리 같은 1순위라도 불입금액, 무주택 기간, 부양가족 수 등에 따라 우선
순위가 정해진다. 청약저축의 임대아파트 당첨확률은 청약경쟁률에 의

해 좌우되겠지만 5 대 1 미만일 것으로 예상된다. 다시 말해 2~3년 후 20% 이상의 당첨확률로, 임대아파트를 장만할 수 있는 가능성이 매우 높다.

임대아파트는 잘 알지만 분양전환 임대아파트를 아는 사람은 그리 많지 않다. 분양전환 임대아파트란 무주택 서민들이 적은 돈으로도 아파트를 쉽게 장만할 수 있도록 임대주택법으로 정부가 보장해주는 제도다. 즉 임대아파트에서 정해진 임대기간 만료 후 청약저축에 가입한 1년 이상의 무주택 가구주가 우선분양받을 수 있다. 특히 민간기업이 건설한 아파트의 경우 최초 입주 후 2년 6개월만 지나도 임대사업자가 임차인과 협의하여 분양이 가능해 빠른 시간 안에 내 집 마련이 가능하다. 일반인의 경우도 남는 물량을 중심으로 분양을 받을 수 있다.

분양전환 임대아파트의 가장 큰 장점은 주변시세보다 10~15% 정도 저렴하다는 것이다. 분양가격이 시세변동에 관계없이 건설원가와 감정평가액의 산술평균으로 결정되기 때문이다. 또 임대아파트에 2년 6개월만 살아도 분양전환이 가능하다. 시공업체와 임차인의 합의만 된다면 분양전환을 할 수 있다.

내 집 마련에 또 하나의 난관은 목돈 마련이다. 아무리 2년 6개월 만에 분양전환이 가능해도 돈이 없으면 말짱 도루묵이다. 하지만 분양전환 임대아파트의 경우 국민주택기금의 융자를 승계받을 수 있어 목돈마련에 대한 부담이 덜하다. 그리고 청약통장을 이용해 임대아파트에 입주해도 이후 같은 통장으로 다른 아파트를 분양받을 수 있어 재테크가 되기도 한다. 더불어 임차기간 중 법적으로 임대료 인상률이 5% 이내로 제한되어 있어 보증금 및 월세에 대한 부담이 덜하다.

단 현재 살고 있는 임대아파트의 시공회사가 부도날 경우에는 먼저 부동산 등기부등본부터 확인해야 한다. 만일 등기부상에 채권단의 가압류나 담보 근저당권이 설정되어 있고 임대 확정일자나 전입일이 선순위보다 늦은 경우에는 임대보증금을 돌려받기 어렵다. 일정금액만큼 건설사의 파산과 관계없이 보호를 받으려면 임대보증금에 대해 주택임대차 보호법에서 정한 확정일자 등의 요건을 갖추고 있어야 한다. 부도가 난 것은 아니지만 부도가 우려되는 경우에는 부동산 등기부등본을 확인해서 근저당이 설정되어 있는지 확인한다. 만약 선순위에 근저당이 없다면 전세 확정일자와 전입신고를 먼저 해두어야 한다. 임대인인 회사와 직접계약을 하는 것도 중요하다.

기회의 나라, 몽골

한국 땅에서 더 이상 마땅한 투자처를 찾지 못한 사람들이 눈을 밖으로 돌리고 있다. 갈 곳을 못 찾은 부동자금이 국경을 넘어 해외로 넘나들면서 국내자본 유출이 심각한 양상을 띠고 있다. 최근 베트남이 새로운 투자처로 부상했고 미국에도 뭉칫돈이 로스엔젤레스를 중심으로 몰려들고 있다고 한다. 개인투자자들도 작게는 간접투자 상품인 해외펀드 투자로, 크게는 경제적으로 부상하고 있는 신흥국가들에 대한 직접투자로 투자를 확대되고 있다. 그 중심에는 미국·중국·인도·베트남 등의 국가들이 있다. 여기서는 기회의 나라, 그러나 미지의 세계인 몽골을 소개하고자 한다.

몽골의 경우 교민들이 점차 늘어나 자리를 잡아가고 있으며 성공에 대한 기대와 함께 한국인의 지위도 점차 확대되고 있어 고수익을 기대하고 있는 국내 소규모 투자자의 관심을 끌기에 충분하기 때문이다.

허점이 많기에 돈이 보인다

그 옛날 세계 대부분의 영토를 지배하며 위세를 드높이던 칭기즈칸의 후예들이 사는 국가가 바로 몽골이다. 국토면적이 한반도의 7.4배나 될 정도로 넓지만 인구는 남한의 20분의 1 수준에 불과하다. 국민소득도 1인당 500달러 미만으로 1만 달러가 넘는 우리나라와 비교가 되지 않을 정도로 가난한 나라다. 과거 조상들의 개척정신과 몽골의 광대하고 비옥한 땅을 생각한다면 그들의 가난 자체가 의아한 일이 아닐 수 없다.

몽골 민족은 국민수입의 상당부분을 농산물 수입에 소비하고 있지만, 땅을 개발한다든지 발전시켜야겠다는 생각을 하지는 않는다. 양이나 소, 말 등 가축을 초원에 풀어 방목을 하면서 축산물을 주식(主食)으로 사는 데 만족할 뿐. 실제 몽골의 넓은 초원에는 허브와 같은 작은 야생식물과 방목을 하는 가축들만이 간간히 눈에 띌 뿐 농작물 하나 없는 허허벌판에 가깝다.

그러다보니 경제권의 상당부분은 이미 오래 전 이주해온 중국인들이 거머쥔 상태로 이 틈새를 노려 한국교민들이 기반을 잡아가고 있지만, 아직 그 영향력은 미미한 상태다.

한국과 가까운 나라

한국과 몽골이 1990년 3월 수교한 이후 양국 관계는 뿌리 깊은 역사적 · 문화적 공통성, 지리적인 인접성 및 경제적 상호보완성을 갖고 있다. 이를 바탕으로 경제적으로도 빠른 속도로 가까워지고 있다. 한국은 몽골의 제4위 교역국이며, 제4위 대몽골 투자국이다. 한국에는 1만 9천 명가량의 몽골인들이 체류하고 있으며, 몽골에는 약 1,500명가량의 우리 교민들이 식당과 주점 등을 운영하고 있다. 또 일부는 아파트와 상가 건축 등 분양을 목적으로 건설업을 하는 등 선진기술과 발 빠른 아이디어로 몽골개발에 참여하고 있다.

또 몽골의 인적자원 개발을 위해서 몽골정부 공무원 등을 매년 수십 명 이상 초청해 연수시키고 있고, 몽골개발을 위한 차관도 제공하고 있다. 울란바토르 시내를 질주하는 자동차들의 약 70%가 한국산이라는 것도 가능성을 보여주는 부분이다. 체어맨이나 쏘나타와 같은 중대형 고급차를 비롯하여 지금은 우리나라에서 보기 힘든 엑셀이나 엘란트라 등이 몽골 시내를 달리고 있어 그야말로 국산차의 전시장이 되고 있다.

이러한 추세라면 장기적으로는 비옥한 옥토와 무궁무진한 광물자원의 보고인 몽골을 미국 LA의 한인타운화할 수도 있다. 부동산에 애착이 있으면서 머리가 좋고 열심히 일하는 데 이골이 난 우리나라 사람들에게 몽골은 지구의 마지막 기회의 땅인지도 모른다.

돌다리도 두드려보고 건너라

다른 해외투자와 마찬가지로 몽골시장의 경우도 기대만 앞서 별다른 계획 없이 뛰어들었다가 낭패를 보는 투자자들이 적지 않을 것으로 예상된다. 몽골은 1995년 이후 사유재산이 일부 인정되고 있지만 여전히 제한적이다. 그러나 수도인 울란바토르로 인구가 몰리면서 도시 전역이 부동산 경기로 꿈틀대고 있으며, 전 세계 사업가들이 눈독을 들이고 있다. 특히 한국과 일본·독일에서 일하던 근로자들이 벌어들인 자금이 지난 3~4년 전부터 몽골로 급격히 유입되고 있어 이 같은 현상을 부채질하고 있다.

몽골은 투자행위에 따른 제도적 보장이 미비하고 각종 인·허가의 복잡한 절차와 이를 처리하는 공무원들의 소극적인 업무태도로 인해 철저한 계획 없이 뛰어든 사업가들의 무덤이 되고 있는 것도 사실이다. 따라서 투자하기에 앞서 반드시 돌다리도 두드려보고 건넌다는 심정으로 신중 또 신중해야 한다.

얼마 전 정부에서 불법 해외송금에 대한 대대적인 조사가 있었는데, 불법송금자는 물론 방치한 금융기관에 대해서도 제재가 잇따르고 있다. 즉 한국국민(거주자)이 국내 외국환거래법을 지키면서 부동산 투자를 하기는 사실상 불가능하다. 최근 몇 년간 크게 증가하고 있는 개인들의 해외부동산 매입은 대부분 불법·탈법이기 때문이다.

또 외국환거래법은 외국에서 2년 이상 체재할 목적으로 미화 30만 달러 이내 주거용 주택을 취득하는 것을 제외한 개인의 해외부동산 투자를 엄격히 제한하고 있다. 또 개인이 해외부동산을 사려면 한국은행에 신고해야 하지만, 신고사례는 아직까지 단 한 건도 없다고 한다.

몽골투자도 마찬가지로 개인이 법규상 부동산 매매차익만을 노리고 투자하는 것은 어렵다. 따라서 몽골에 관심을 가지고 있는 기업들과 단체들을 통해 우회적으로 투자하거나, 몽골에서 직접 사업을 영위하거나 몽골 부동산 임대수익 등과 관련된 실물펀드에 투자하는 방법 등을 모색해야 한다. 참고로 최근 몽골에 대한 경제적 관심이 커지면서 몽골 투자 관련 경제포럼이 개최되는 등 활발한 움직임이 감지되고 있다.

그래도
주식투자가 최고다

누구나 '대박'의 꿈을 안고 재테크를 시작하게 마련이다. 그러나 어느 것 하나 쉬운 것이 없는 것도 사실이다. 일반적으로 은행이자를 통한 방식이 가장 쉬운 방법이기는 하지만, 이미 저금리 시대로 돌아선 지 오래라 별로 기대할 것이 없다. 부동산 투자도 부동산 가격의 상승과 각종 정부규제 등으로 영구적이기보다는 일정한 사이클을 타야 성공할 수 있는 투자라 쉽지 않다.

그렇다면 남은 것은 주식투자인데 실제 주식으로 돈을 번 사람이 그다지 많지 않아 주식투자에 회의적인 사람들이 많다. 그러나 전문가들은 머지않아 주식을 최고의 투자수단으로 생각하는 주식불패의 시대가 올 것으로 예상하고 있다.

이는 저금리가 지속될 가능성이 높으며 정부의 벤처투자 활성화 정책과 앞서 설명한 것과 같이 금융·부동산 투자의 성공 여부가 불투명해지는 대체 투자수단의 부재 등의 이유로 2~3년 후에도 주식투자가 가장 매력적인 투자상품으로 등장할 것이라는 예상이다.

2~3년 후 매력적인 투자상품은 주식

그렇다면 어떤 주식이 향후 주목을 받을까? 2~3년 후를 겨냥하여 주식에 투자한다면, 재무구조가 우량하고 중장기적으로 사업전망의 불확실성이 낮으면서 주가가 상대적으로 저평가돼 소수만이 찾는 미인주를 발굴하여 투자하는 것이 적합하다. 사실 대중이 투자하는 곳에 함께 투자할 때 심리적 안정은 얻을 수 있겠지만, 수익을 얻기란 힘들기 때문이다. 오히려 수익은 다른 사람들과 함께 투자하지 않을 때 찾아오게 마련이다.

특히 주가는 거래소 종목에서 코스닥 종목으로, 그리고 제3시장 등 장외시장 종목으로 급등하는 경향이 있으므로 2005년의 증권시장 추이를 보면서 다른 사람보다 반 보 앞서 미공개 장외주식에 투자하는 자세가 필요하다. 미공개 주식 중 삼성생명 등 대형주들은 과거의 주가수준, 거래소의 동종업종 주가 등을 고려하여 투자하고, 코스닥 종목이나 장외종목 중에서 벤처기업에 투자할 때에는 재무구조 못지않게 CEO의 경영 마인드나 미래 수익력을 동시에 고려하여 종목을 선정해야 한다.

주식 관련 사채에 대해서도 2005년은 물론 향후 2~3년 사이에도 지속적으로 관심을 가질만 하다. 또 2005년에는 하반기 이후의 경기회복 및 소비경기 개선을 염두에 두고 이전보다는 주식 등 위험자산에 대한 투자비중을 늘려가는 것이 바람직하다.

단기가 아니라 장기적으로 투자하라

그러나 아무리 유망한 주식에 투자한다고 해도 올바른 투자자세로 투자에 접근하지 않는다면 실패하기 쉽다. 일반투자자의 경우 주식에 실패하게 되면 무조건 우리나라 기업들과 후진적인 주식시장으로만 문제의 화살을 돌린다. 하지만 여기에는 주식투자자의 문제 또한 간과할 수 없다.

주식시장은 단기적으로는 투기판일지라도 우량주의 상승률에서 보듯이 장기적으로는 기업가치를 재는 체중계의 역할을 한다. 주식투자는 경제상황과 기업에 대한 치밀한 정보분석, 시장에 참여한 사람들의 심리, 자신의 투자처에 대한 냉철한 인식 등이 종합적으로 필요한 곳이다.

또 외국인이 우리나라 시장의 40% 이상을 점유하고 있다는 것은 그만큼 국제화된 시장이라는 것이며, 시가총액 상위 종목들은 해외에서 상당부분 매출을 거둬들일 만큼 글로벌화되어 있다는 반증이기도 하다. 즉 시장과 기업만을 탓할 것이 아니라 개인의 주식투자 방법에 문제는 없는지부터 살펴봐야 한다는 것이다.

성공할 수 있는 주식투자를 하기 위해서는 우선 자신의 투자성향을 진단해볼 필요가 있다. 낮은 금리라도 은행에 돈을 넣어두는 등 안정성을 고려하는 금리지향적인 사람이라면 주식투자에 맞지 않으므로 일찌감치 다른 투자로 눈을 돌리는 것이 좋다. 반면에 어느 정도의 위험성을 감수하더라도 수익률이 높은 주식투자에 투자할 만하다고 여긴다면 한 번 도전해보는 것이 좋다.

자신의 성향에 맞게 주식투자를 했다면 그 이후에는 주식투자의 목적에 대한 고려와 함께 좋은 종목을 선택해서 장기투자할 수 있어야 한다. 물론 그에 따른 끊임없는 학습과 발품을 파는 등의 노력은 당연지사다.

■ ■ ■ 대한민국 **재테크 키워드**

4장

10년 후에도 통할
재테크 불변의 법칙

❶ 투자에도 때가 있다
❷ 혼자 "YES!" 하는 용기가 필요하다
❸ 재테크의 시작은 절약정신
❹ 돈 잘 빌리는 것도 재테크
❺ 신용카드도 재테크 수단이다
❻ 열심히 일한 당신, 연말에는 보너스 받자
❼ 연금만한 효자 없다
❽ 멋진 노후를 원한다면 빨리 시작하라

투자에도 때가 있다

어린 시절 놀기만 좋아하는 자녀들에게 부모들이 가장 많이 하는 얘기가 "공부도 다 때가 있다."는 말이다. 재테크도 예외는 아니다. 우리는 보통 "주식을 사기보다는 때를 사라."는 말을 많이 한다. 즉 투자에서 때를 잘 맞추는 것이 무엇보다 중요하다는 것을 의미한다. 같은 종목을 샀는데도 한 사람은 성공하고 다른 사람은 실패하는 원인도 결국은 매매시점의 차이 때문이라고 볼 수 있다.

그래서 주식투자에서는 매매시점이 특히 중요하다. 우리 주위를 둘러봐도 주가가 떨어졌다고 무조건 샀다가 폭락장세가 시작돼 낭패를 보거나 상승초기에 주식을 팔아버린 후 뒤늦게 이윤이 생기는 것을 알고 안타까워하는 사람이 있다.

위기가 곧 기회다

그렇다고 사야 할 시점을 누구나 잘 알 수 있는 것이 아니니 답답한 노릇이다. 하지만 1년에 몇 번은 누구에게나 시세가 가는 길이 잘 보일 때가 있다. 그 기회를 결코 놓치지 않는 것이 가장 좋은 방법일 듯하다. 그러나 대다수의 투자자들이 이러한 기회가 올 때까지 견디지 못함으로써 낭패를 보는 경우가 허다하다.

무엇보다 가장 위험한 것은 주가의 상승과 하락에 관계없이 늘 주식을 사고파는 사람들이다. 이런 유형의 사람들은 잠시라도 사고팔지 않으면 못 견디는 사람들인데 대체로 큰 손해를 보기 십상이다. 많이 움직이고 투자한다고 해서 다 좋은 것이 아니다. 움직일 필요가 있을 때 움직이고, 쉴 때를 알고 쉬는 사람이 바로 현명한 사람이다.

흔히 고된 일을 하고는 중간에 쉬어주는 것이 오히려 재충전이 되어 다음 일을 잘할 수 있는 것과 같이 재테크에서도 시간을 두고 시장을 관망하는 것이 하나의 중요한 전술이다. 물론 쉴 때라는 것은 증시전망이나 주가의 움직임이 불안정한 때를 말한다.

하지만 충분한 휴식을 취한 뒤 '바로 이때다!' 싶을 때는 과감하게 그리고 민첩하게 움직여야 한다. 물론 그 과정에서 실패를 맛볼 수도 있다. 대신 아니다 싶을 때는 최대한 빨리 퇴각할 줄도 알아야 한다.

그렇다면 '바로 이때다' 싶을 때가 도대체 언제일까? 흔히들 주가가 연일 내려 사람들의 걱정 섞인 목소리가 많아지고 비관에 빠질 때가 바로 투자시기라고 얘기한다. 위험요소가 있긴 하지만, 과거 IMF시기 경험을 비춰봐도 충분히 승산 있는 게임이라는 것이다. 이런 때가 기회라고 생각하고 과감하게 투자해야 한다. 대신 한꺼번에 모두 투자하기보다는 분산투자하는 것이 위험을 최소화시킨다는 것을 잊지 말자.

그리고 주가가 상승해 사람들이 너도나도 투자에 열을 올릴 때는 최대한 자제하는 것이 좋다. 시장 분위기에 이끌려 투자할까 말까 고민이 되겠지만, 더 큰 이익을 올리겠다는 생각으로 자제하는 지혜가 필요하다.

TIP ■ 재테크 교육에도 때가 있다

보통 우리나라 가정에서는 어린 시절부터 돈 이야기를 하는 것에 대해 부정적이다. "넌 몰라도 돼." 또는 "넌 커서 돈 많이 벌어야 돼." 하고 일상적으로 자녀들에게 말을 하지만, 그 밖에 돈의 사회적 역할이나 어떻게 사용하는 것이 유용한지 등에 대해서는 잘 얘기하지 않는다. 이런 환경에서 자란 아이들은 결국 TV나 인터넷에 무방비로 노출되면서 과소비를 일삼는다거나 돈에 대한 개념이 없는 어른으로 자랄 가능성이 크다. 어릴 적부터 돈의 소중함을 가정에서부터 가르치는 분위기가 형성되어야 한다.

용돈관리를 통해 돈 공부를 시켜라

아이가 돈이 필요할 때마다 돈을 주기보다는 용돈을 정기적으로 주어 계획 있게 돈을 사용할 수 있도록 해주어야 한다. 이와 더불어 용돈 기입장을 만들어 매일 지출한 내용을 기재함으로써 체계적인 지출이 가능하도록 도와준다.

자녀명의의 예금통장을 만들어줘라

부모와 함께 은행을 방문해 직접 통장을 만들고 관리하는 경험은 자녀들에게 은행과 친해지면서도 투자에 대한 두려움을 없앨 수 있어 소중한 경제교육이 된다. 특히 어린이 통장은 성인 통장과는 달리 아무리 적은 액수를 입금해도 이자를 받을 수 있어 자녀가 경제원리를 이용하는데 좋다. 현재 은행에서 출시하는 어린이 통장에는 용돈기입장을 제공한다거나, 부모의 칭찬을 받으면 선물을 주는 등 재미와 유익함을 두루 갖춘 상품들이 많아 아이들에게 도움이 된다.

현장교육을 시켜라

경제교육이라고 하면 일단 부담부터 느끼는 부모들이 있는데, 사실 우리 주변에는 생생한 경제 교육현장이 많다. 예를 들면 은행이나 시장 등 돈이 유통되는 곳에 자녀를 동반하는 것도 좋은 재테크 교육이 된다.

시장이나 상점을 방문해서는 돈을 주고 물건을 구매하는 행위를 통해 돈의 경제적 가치를 깨닫게 하고, 은행에서는 저축의 소중함을 느끼게 해주는 현장학습이 필요하다.

 혼자 "YES!" 하는 용기가 필요하다

'**모두가**' "NO!" 할 때 "YES!" 하는 사람'. 모두가 뒤돌아서서 "NO!"를 외칠 때 한 명만이 앞을 보며 "YES!"를 외치던 광고가 처음 시청자들에게 소개됐을 때 큰 반향을 일으킨 기억이 있다.

과거에는 혼자 튀어서 대중에 역행하는 사람은 사회적으로 지탄의 대상이 되는 경우가 많았다. 하지만 역사적으로 그런 5%의 사람들이 결국 사회를 움직이는 힘이 되어 역사 속에서 평가를 받아온 것도 사실이다. 재테크에서도 이러한 소수의 법칙이 그대로 적용된다.

모든 사람들이 한 방향으로 간다고 해서 무조건 따라갔을 때 성공했다면 그 어느 누가 노력을 하겠는가. 그냥 전문가의 말만 듣고 투자만 하면 되는데 말이다. 설령 그 방향이 맞다 하더라도 큰돈을 벌기는 사실 힘들다. 돈을 벌기가 그렇게 쉬운 것이라면 세상 누구나 부자가 되어 있을 것이다.

하지만 현실은 생각보다 훨씬 냉정하다. 5%의 소수만이 돈을 벌 수 있는 곳이 바로 주식시장이기에 남들과 똑같이 해서는 결코 부자가 될 수 없다. 대중심리를 역행하는 발상의 전환이 필요한 것도 바로 이 때문이다.

역발상의 법칙

대중에 역행한다는 것은 끊임없는 역발상으로 모든 투자가가 한 방향으로 쏠릴 때 다른 길을 찾아보는 것이다. 투자가들의 일반적이고 공통적인 심리를 역으로 이용하라는 것. 앞서 한 얘기를 듣고 "누가 그걸 모르나? 다 알지만 언제 어디에 투자하면 좋은지 확신이 서지 않다보니 자꾸 귀가 얇아지고 사람들이 움직이는 흐름에 편승하게 되는 거지." 하며 답답해하는 사람들도 있을 것이다.

맞는 말이다. 시시각각 변화하고 위험도가 높은 주식시장에서 성공하는 5%에 들기까지 수많은 장애물이 우리 앞을 가로막고 있다. 앞서 얘기한 것처럼 확신이 없다보니 남의 얘기에 솔깃하는 경우도 그러한 장애물의 하나다.

주위에서 "부동산이 투자가치가 있다던데….", "누가 이번에 어디 주식투자를 해서 얼마를 벌었다더라." 등의 얘기가 들려오면 특히 남자들의 경우 경쟁심리가 발동해 충동감이 생기게 마련이다. 여기다 신문이나 전문가 집단이 "뭐가 좋다더라." 하며 불을 붙이면 금세 귀가 솔깃해 신중한 판단 없이 저질러버리는 경우가 주위를 둘러봐도 허다하다.

물론 투자를 할 때 혼자 독단적으로 판단해 버리거나 전날 꾼 꿈에 의존해 운에 맡겨버리는 것 또한 문제가 되지만 무조건 남의 말만 듣고 섣불리 행동하는 것이 성공하는 5%에서 점점 멀어지는 길임을 명심하자.

무엇보다 중요한 것은 남과 다른 안목과 생각을 가지는 '역발상의 법칙'을 따르는 것이다. 자기 나름의 안목을 가지기 위해서는 공부하고 시장에 끊임없는 관심을 가지는 것은 기본 중의 기본이다.

하지만 단지 그것만으로는 부족하다. 아무리 똑똑한 사람이라도 막상 주가가 바닥을 치면 실패할 수도 있다는 두려움이 커지면서 곧이어 주식을 팔아버리고 만다. 또한 주가가 천정부지로 오르기 시작하면 분위기에 젖어 주식을 사들이기 시작한다. 즉 이것은 대중심리에 의존한 투자라 할 수 있다.

그러나 이러한 투자는 누구든 할 수 있다. 오히려 성공을 하려면 주가가 폭락세를 거듭해 시장이 이제 끝장이라는 분위기가 확산되었을 때 주식을 사들이는 역발상의 용기가 필요하다.

청개구리식 투자

주식투자에서 성공한 존 템플턴은 '적(대중)의 움직임을 예의 주시하며 청개구리식 행동으로 상대의 허를 찌르고 끊임없이 변화할 것'을 강조했다. 그는 또 "사람들이 투매할 때 사고 열광적으로 매입할 때 팔아야 하며 대중과 다른 행동만이 수익을 보장한다."고 얘기했다.

하지만 여기서 명심해야 할 것이 있다. 단순히 많은 투자자들이 두려워하고 있다는 이유만으로 매수하는 것은 진정한 역발상 투자가 아니라는 것이다. 역발상 투자에 필요한 것은 여론의 극단을 감지해내는 것이다. 극단적인 여론을 활용하는 것이야말로 역발상 투자의 핵심이다.

결국 남과 다른 안목과 함께 그것을 과감하게 실천할 수 있는 결단력이 중요하다. 사람에게서 가장 먼 거리가 가슴과 머리 사이라는 말도 있다. 그만큼 사람이 생각하는 만큼 실천하기가 쉽지 않다는 것이다. 남과 다른 생각, 즉 역발상을 하되 곧바로 실천에 옮길 수 있는 용기를 가지자.

재테크의 시작은
절약 정신

굴비를 사다가 먹지는 않고 천장에 대롱대롱 매달아놓고 한 번씩만 쳐다보게 했다는 천하의 둘도 없는 구두쇠 자린고비 얘기는 어린 시절부터 근검절약을 강조했던 부모님, 선생님으로부터 귀에 못이 박히도록 들었을 것이다. 한국에 대표적인 구두쇠가 자린고비라면 해외에는 아마 스쿠루우지가 그 대표 격이 아닐까.

과거에는 워낙 모두가 어렵던 시절이라 근검절약이 생활화되어 있었다. 하지만 먹고살 만해지면서 사람들은 너도나도 없이 흥청망청 쓰기 시작해 한때는 과소비가 심각한 사회문제로까지 떠올랐다.

현재도 신용카드 빚에 허덕이는 사람, 대박을 꿈꾸며 매일같이 복권을 사들이는 사람, 명품에 사족을 못 쓰는 사람들까지 여전히 분수에 맞지 않는 소비생활을 즐기는 이들이 많다. 물론 꼭 그런 사람들만이 있는 것은 아니다. 최근 경기가 어려워지면서 인터넷에는 네티즌들 사이에서

'짠순이 짠돌이 되는 방법' 등이 관심의 대상이 되고 있으며, TV에서는 젊은 층들에게 절약정신을 강조하기 위해 만원으로 일주일을 버티는 프로그램도 생겨 인기를 끌고 있다. 또 얼마 전에는 10평짜리 아파트에서 시작해 타워팰리스로 이사 간 한 주부의 얘기가 세인들의 화제가 되기도 했다. 과거 자린고비와 스쿠루우지의 절약정신이 인색함으로 비쳤었다면 이제는 재테크의 본보기가 되고 있다는 것.

부자는 알뜰하다

재벌신화로 유명한 故 정주영 현대그룹 회장은 절약정신이 강하기로도 유명하다. 그는 생전에 현대그룹이라는 굴지의 기업을 일구어 국내 손꼽히는 재벌이 되고도 30년여 동안 같은 집에서 살았으며 20년이 넘은 소파와 10년이 다 된 17인치 텔레비전이 전부였다고 한다. 수십 년이나 된 작업복만 입고 다녀 짜디짠 냄새가 나는 '왕소금 회장'으로 불리기도 한 그의 절약정신이 어쩌면 지금 그의 위치를 만든 것인지도 모르겠다. '아끼고 모으는 것만 잘해도 작은 부자는 될 수 있다.'는 생전의 정 회장 말처럼 부자가 되기 위한 가장 첫 번째 단계는 바로 절약정신이 아닐까.

우선 절약을 하려면 작은 돈부터 아낄 줄 알아야 한다. 실제 부자가 된 사람들을 살펴보면 하나같이 쓸 때는 쓰지만 그 밖에는 늘 근검절약을 생활화하는 것이 일관된 특징이다. 하지만 이런 근검절약이 단번에 되는 경우는 잘 없다. 어린 시절부터 생활습관이 되어 있는 것이 가장 좋겠지만, 그렇게 자라지 못한 사람들의 경우 지금부터라도 그런 습관을 들이기 위해 노력하자.

절약한다고 해서 늘 안 쓰고 살 수만은 없다. 한정된 돈을 효율적으로 쓸 줄 알아야 하는데 그럴 때는 돈쓰는 순번을 정해서 지출하는 것이 좋다. 매달 지출해야 될 목록을 적은 후 중요도에 따라 순위를 정하는 것이다. 목록이 만일 30개가 나왔다면 20개까지만 잘라서 지출을 하는 것이다. 물론 모두가 다 필요한 지출이라 생각될 수도 있겠지만 곰곰이 다시 한 번 생각해보면 '이게 꼭 필요할까?' 하는 생각이 들 목록들이 분명히 있을 것이다.

계획적으로 돈을 쓰기 위해 가계부를 쓰자. 귀찮을 때도 많겠지만 꾸준히 쓰는 습관을 들이다보면 불필요한 돈이 나가는 것을 막을 수도 있고, 근검절약이 생활화되리라 믿는다.

천리 길도 한 걸음부터

최근 출판해 화제를 모은 《나는 남자보다 적금통장이 좋다》의 저자는 한 달에 100만 원을 의상비로, 피부관리비로 300만 원, 밥은 무조건 패밀리 레스토랑에서 먹을 정도로 쇼핑광에 과소비의 여왕이었다고 한다. 직장생활 5년 동안 통장 잔고가 달랑 700만 원이었다면 말 다하지 않았나. 그런 저자가 오로지 저축만으로 3년 만에 1억 원을 모았으니 놀라울 따름이다. 월급이 220만 원일 때는 160만 원을, 400만 원일 때는 300만 원을 모두 적금으로 돌렸다고 한다. 주식도 부동산도 신탁도 재테크의 '재' 자도 몰랐던 저자의 인간승리였다.

물론 이런 얘기들을 듣고 조급함이 앞서 빨리 재테크를 해서 많은 돈을 불려야 하는데 언제 저축하고 언제 부자가 되겠냐고 답답해하는 이가 있을 수도 있다. 하지만 그러한 재테크를 위해서도 종자돈이 우선 필요하다. 그 종자돈을 마련하는 데 가장 일반적인 방법이 적금이나 적립식펀드에 가입하는 것이다. 혹 급한 마음에 아무 적금에 가입한 후에 나중에 손해보고 해약하며 후회하는 사람도 있는데 가입 전 자신의 소득과 장래계획, 목적 등에 적합한 적금이 어떤 것인지 잘 확인하고 선택하는 것이 필요하다. 아무리 좋은 약도 내 몸에 맞아야지 맞지 않으면 오히려 독이 되기 십상이다.

마지막으로 절약정신은 남한테 무조건 돈을 쓰지 않는 인색함이 아닌 검소한 생활이자 남에게 베푸는 것임을 말해주는 사례가 있어 독자들에게 소개하려고 한다. 자린고비 대상 수상자인 충북 음성군의 안동구(66) 씨는 넉넉지 않은 농사로 평생을 살아왔지만 단 한 번도 비누를 사지 않고 양잿물로 비누를 직접 만들어 썼으며 옷·신발은 물론 텔레비전, 선풍기 등 가전제품도 10년 이하인 물건이 없을 정도라 한다. 잦은 외출에도 그동안 다방에도 한번 가지 않았고, 그 흔한 자장면도 한번 먹어보지 못했다고 한다.

하지만 남을 돕는 데 있어서는 누구 못지않은 '큰손'이라고. 1999년 마을 상수도 공사 때는 자신의 땅을 내놓았으며, 지난 2월 마을공원을 만들 때는 1천만 원을 선뜻 기증했다. 주민들은 마을공원이 준공되던 지난 6월 20일 공원 한쪽에 안 씨의 송덕비를 세울 정도였다고 한다.

인터넷뱅킹으로 돈과 시간을 절약하라

흔히 시테크와 재테크의 절묘한 만남이라고 얘기하는 인터넷뱅킹은 이제 바쁜 직장인에게는 필수다. 과거 바쁜 시간을 쪼개서 은행창구에 가다보면 쓸데없이 소비되는 시간이 만만치 않았다. 이제는 클릭 한 번으로 모든 은행 업무를 한 번에 소화할 수 있다. 여기다 은행에 직접 나가서 거래하는 것보다 수수료까지 저렴하니 1석 2조가 아닐 수 없다. 인터넷뱅킹을 이용하려면 해당 은행을 직접 방문해 '전자금융 이용 신청서'를 작성해야 한다.

생활패턴에 맞는 휴대전화 요금제를 선택하라

휴대전화가 일상화 되면서 매달 이 비용으로 나가는 돈이 만만치 않다. 여기다 휴대전화로 영화를 본다거나 다른 서비스를 이용했을 때는 예상치도 못한 비용이 청구될 때도 있다. 휴대전화 요금을 아끼기 위한 가장 좋은 방법은 자기 생활패턴에 맞는 요금제를 사용하는 것이다. 또한 한 달 중에도 수시로 요금내역을 체크하는 것도 자기 강제를 할 수 있다는 점에서 좋다. 문자서비스는 인터넷에서 무료사용하는 곳을 찾아 이용하는 것이 절약방법이다.

자동차 기름 '만땅'은 피하라

매번 기름을 넣는 것이 귀찮아 많은 운전사들이 주유소에 가면 "만땅!"을 외친다. 하지만 기름을 많이 채울수록 차가 무거워지고 연료 소비도 많아지기 때문에 오히려 금액을 지정해 주유하는 것이 유리하다.

냉장고 온도를 계절마다 바꿔라

대부분의 가정에서 냉장고 온도를 1년 내내 바꾸지 않고 고정시켜 놓는 게 다반사다. 계절이 바뀔 때마다 온도를 바꿔 주는 것이 전기를 아끼는 길이다. 또 냉장고를 열게 되면 뭐가 들었나 이리저리 기웃거리다 보면 한참 동안 냉장고 문을 열고 있어야 한다. 이는 전기료가 많이 나오는 지름길이다. 차라리 냉장고 속 내용물의 배치도를 그려 냉장고 문에 붙여놓으면 문 여는 시간이 자연스럽게 줄어든다.

돈 잘 빌리는 것도 재테크

부모님이 흘러간 옛이야기를 하다보면 늘 빼놓지 않고 하시는 말씀이 남한테 아쉬운 소리 하기 싫지만, 집 장만에 자식들 교육시키느라 이곳저곳 돈을 빌리러 다니던 때의 힘들던 시절을 얘기하고는 한다. 그 시절에는 다들 힘들었기에 빚 없이 세끼 꼬박꼬박 먹고사는 것만으로도 행복하던 시절이었다.

현대사회에 와서는 세끼 밥 먹기 힘들어 돈을 빌리는 것은 아니지만 여전히 주택을 담보로 대출을 받았다가 갚지 못해 가족 전체가 불행의 늪으로 빠지는 경우가 있다. 돈이 없으면 없는 대로 형편에 맞게 사는 것이 미덕이겠지만 우리네 인생이 늘 마음처럼 되는 것은 아니지 않나.

어쩔 수 없이 돈을 빌려야 한다면, 정말 필요할 때만 돈을 빌리도록 하자. 또 최대한 싼 이자로 빨리 갚을 수만 있다면 대출을 이용하는 것이 오히려 생활을 윤택하게 만들어줄 수도 있다.

각 금융기관의 조건을 따져보자

대다수의 사람들이 대출을 이용하는 이유가 내 집 마련을 위해서나 자녀 교육비에 대한 지출 때문이다. 특히 내 집 마련 자체가 인생의 중요한 목표인 우리나라의 경우 부자가 아닌 이상 대출 없이 집 장만은 하늘의 별따기와 같이 힘든 게 현실이다.

물론 빚 없는 삶이 가장 좋겠지만 때로는 좋은 조건 아래 대출받을 수 있는 것 또한 재테크의 일환이라는 것을 명심하자. 대출을 받을 때는 각각의 금융기관들이 내세우는 조건들을 꼼꼼히 따지고 결정해야 한다.

그리고 한 은행을 많이 이용하여 주거래 고객이 되면 상대적으로 낮은 금리로 대출이 가능하다. 다시 말해 대출 이용 시 금리우대를 받을 수 있다. 예를 들면 신용카드 결제 실적이 있고, 아파트 관리비와 급여를 이체하는 우수고객에게는 대출금리를 깎아주기도 한다.

또한 대출 때에는 '30-30 원칙'을 지키는 것이 좋다. 빨리 집을 갖고 싶은 욕심에 보유자산은 적은데 대출만 왕창 받아서 집을 산다면 이후 감당하기 힘들어진다. 즉 집값의 30% 이내에서 대출을 받는 것이 안전하다는 의미에서 '30-30 원칙'을 준수하라는 말이 나온 것이다.

대출을 받으면서 사람들이 제일 싫어하는 것은 담보를 저당 잡히는 것이다. TV를 봐도 집이나, 차 등 담보를 잡고 대출을 받았다 실패하면서 모든 걸 잃는 경우가 많다. 하지만 여기서도 역발상이 가능하다. 담보가 있는 대출의 경우 담보가 없는 대출에 비해 금리가 연 5% 이상 낮게 책정된다. 그 밖에도 금융 기관의 신용평가 때 소득수준이 높고 안정적인 직업을 가지고 있는 사람이 평가에 유리하며, 여성이 남성보다 연체위험이 적다는 판단 아래 여성고객에게는 대출금리를 낮추어주는 곳도 있다. 또 인터넷 대출을 이용하게 되면 은행의 인건비가 절약되기 때문에 은행창구를 찾는 고객보다 금리를 낮추어 대출해주기도 한다.

내 집 마련을 위한 대출상품

그렇다면 내 집 마련을 위한 대출에는 어떤 것이 있는지 더 구체적으로 알아보자. 처음 집을 사는 사람의 경우, '근로자 · 서민 주택자금대출'이 가장 적합하다. 조금은 생소하게 느껴지는 사람들도 있을 것 같은데 과거 무주택자들이 많이 이용했던 생애 최초 주택구입 자금 대출과 근로자와 서민을 위한 주택구입 자금 등 국민주택기금 대출이 통합되어 나온 상품이 바로 '근로자 · 서민 주택자금대출'이다.

연간소득이 3천만 원 이하인 근로자 및 서민으로 현재 6개월 이상 무주택 또는 대출 신청일로부터 1개월 이내에 결혼으로 인하여 세대주가 예정된 자면 누구나 대출이 가능하다. 특히 1억 원 안팎의 가격으로 전용면적 25.7평 이하의 국민주택 규모의 집을 살 생각이라면 이 대출을 이용하는 것이 유리하다는 것이 전문가들의 조언이다. 통합과 함께 대출조건도 금리가 1월 20일부터 연 5.2%로 낮아졌으며, 만기가 최장 20

년(1년 거치 19년 상환 또는 3년 거치 17년 상환 중 선택 가능)으로 연장되는 등 무주택자들에게는 상당히 유리하게 개편돼 그야말로 안성맞춤이다.

지금 집 장만을 계획하고 있다면, 은행대출이나 한국주택금융공사의 모기지론을 이용하기 전 반드시 근로자·서민 주택자금 대출의 대상이 되는지 확인해보자. 집 장만이 아닌 전세자금을 위한 대출인 전세자금 대출도 연봉 3천만 원 이하 근로자만을 대상으로 하고 있어 서민들이 대출받기에 적합하다. 대출금리는 1월 20일부터 연 5%로 신용대출 가운데 가장 낮은 수준이고, 65살 이상의 부양가족이 있을 경우 0.5%의 할인 금리를 제공받을 수 있다. 대출한도는 최고 6천만 원으로 전세금액의 70%까지 대출 가능하다.

서민들보다 더 힘들게 살아가는 영세민들을 위한 대출도 있다. 연리 3%짜리 지방자치단체 대출이 바로 그것이다. 서울에서는 전세보증금으로 5천만 원, 광역시·수도권은 4천만 원, 기타지역은 3천만 원 이하의 주택을 빌릴 때 해당된다. 대출자격은 1년 이상 서울지역 거주 무주택 세대주에 한하며, 부동산 또는 배기량 1500cc 이상 자가용 승용차 소유자는 제외된다.

한국주택공사의 모기지론은 이미 집을 1채 갖고 있거나, 평수를 늘려 가려는 사람에게 유리한 대출상품이다. 집값의 30%만 가지고도 주택을 살 수 있어 목돈 없이도 주택구입이 가능하다. 고정금리라서 금리상승에 따른 부담이 전혀 없고, 만기(최장 20년)가 길어 장기간의 재정계획을 세울 수 있다는 점도 장점이다. 하지만 매달 상환하는 대출 원리금이 월 평균소득의 3분의 1을 넘지 못하도록 되어 있는데다 일정액 이상의 고정수입이 있는 사람만이 이용 가능해 소득수준이 낮은 서민들보다 중산층에게 유리하다.

마이너스 대출을 적극 활용하라

담보가 없을 경우에는 마이너스 대출을 활용하는 것도 좋은 방법이다. 마이너스 대출은 미리 일정금액의 한도를 정하고 정해진 범위 안에서 실제 쓴 금액에 대해서만 이자를 내는 대출이다. 마이너스 대출은 자신의 급여통장에 대출한도만 설정해놓은 뒤 카드대금 결제가 부족하다거나 급한 자금이 필요할 때 언제든지 빼서 쓸 수 있는데다 돈을 쓴 기간만큼만 이자를 내면 되기에 이자 절감도 할 수 있어 편리하다. 특히 자영업자나 급여생활자에게 유리한 상품이다. 하지만 편리한 만큼 관리가 소홀해지기 쉬운 것이 마이너스 통장이다. 결국 개인의 빚이기에 급할 때만 사용하는 것이 좋고 사용 후 빨리 갚아나가는 게 중요하다.

또 쓰지 않는 마이너스 대출통장은 하루라도 빨리 정리하는 것이 여러모로 유리하다. 마이너스 대출통장을 만들어놓고 전혀 쓰지 않아도 각 금융기관과 신용정보회사가 공유하는 고객의 대출정보에는 마이너스 통장의 한도액만큼 이미 대출이 돼 있는 것으로 표시돼 있어 신용도에 악영향을 줄 수 있기 때문이다.

여유자금이 생기면 무조건 대출금부터 갚아라

누구나 잘 알고 있는 얘기지만 다시 한 번 강조하는 것은 말처럼 쉽지 않기 때문이다. 부득이하게 대출을 받았다고 해도 대출에 따른 이자부담이 만만치 않다. 대출금을 갚기 위해 저축하는 것보다 여유자금이 생길 때마다 조금씩 갚아가는 것이 훨씬 이득이다.

중도상환 수수료를 확인하라

만기 전에 대출금을 중도에 상환할 때는 중도상환 수수료를 물리기에 반드시 중도상환 수수료가 있는 대출상품인지 확인해야 한다.

이자연체는 1개월을 넘기지 마라

납일 일자에 이자를 내지 못하게 되면 연체로 처리되면서 연체 첫 달은 전월 미납분에 대해 연체이자가 부가되나, 연체 2개월부터는 대출잔액에 대해서 연체이자를 부담해야 한다. 비싼 연제 이자도 문제지만 최악의 경우 대출금 전액을 상환하게 하거나 채무자 · 연대보증인 · 담보물건에 대한 강제집행으로 신용불량자로 등록될 수도 있으므로 조심해야 한다.

수입사정에 따라 상환방식을 달리하라

고정적인 수입이 있다면 원금과 이자를 함께 갚아나가는 분할상환 방식이 유리하다. 자금사정이 이후 나아질 경우에는 평소에 이자만 부담하다 만기에 원금을 한꺼번에 갚는 만기상환 방식을 선택할 수 있다.

신용카드도
재테크 수단이다

경제활동 인구의 4분의 1이라는 400만 명 가량이 신용불량자라는 낙인 속에서 살아간다는 현대사회에서 신용카드로 인한 폐해는 정말 심각한 수준이다. 한순간의 실수로 인해 보통 사람들이 누리는 노동의 보람도 삶의 즐거움도 느끼지 못한 채 술의 힘을 빌려 괴로워 나날을 보내고 있다.

무엇보다 심각한 것은 우리 사회의 미래를 이끌어갈 젊은 층의 신용카드 사용이 급격히 늘어남으로써 그 폐해가 심각하다는 것이다. 사고 싶은 것도 갖고 싶은 것도 많은 나이에 현금 없이도 외상으로 어떤 물건이든 구입할 수 있다는 점이 소비욕구가 강한 이들에게 유혹으로 다가온 것이다.

신용카드 잘 쓰면 오히려 이득

하지만 꼭 필요할 때만 사용하고, 자신의 지출 스타일에 맞춰 사용하는 습관을 들인다면 오히려 현금사용 때 누릴 수 없는 다양한 혜택들을 받을 수 있는 것이 또한 신용카드다. 특히 개인의 소득수준이나 소비패턴 등을 고려해 카드를 사용한다면 최대효과를 누릴 수 있다.

사용액이 많은 사람들에게는 금리우대 혜택을 받을 수 있으며, 연말에는 최대 500만 원까지 소득 공제가 가능하다. 물론 소득공제 혜택은 2005년부터 현금영수증에 대해서도 주어진다. 젊은 층의 경우 백화점·놀이공원 등 신용카드 회사들이 각종 기관과 맺은 제휴를 통해 실생활에 도움이 되는 부가서비스를 제공받을 수 있어 좋다.

사용금액의 일정비율을 적립해주는 포인트 서비스도 잘 이용하면 돈처럼 사용이 가능하다. 카드사마다 사용금액의 1%를 현금으로 돌려준다거나, 적립포인트만큼 카드대금을 깎아주는 서비스, 또는 관련 가맹점에서 포인트로 물건구입이 가능하도록 되어 있는 등 다양하게 사용할 수 있다.

체크카드, 직불카드를 이용하자

그러나 사람을 망각의 동물이라고 하듯이 굳게 마음을 먹어도 눈에서 보이면 순간적인 유혹을 참지 못하는 경우가 있다. 그럴 때는 방법은 딱 한 가지다. 과감히 지갑 속에서 신용카드를 모두 꺼내 잘라버리는 것이다. 물론 마음에서도 잘라버려야 하는 것은 두말하면 잔소리다.

그래도 신용카드 사용을 쉽게 단념하지 못한다면 신용카드 대신 체크카드나 직불카드를 권하고 싶다. 새로운 개념의 직불카드라 일컬어지는 체크카드는 예금잔액에서 결제가 이뤄지는 직불카드의 특성과 모든 신용카드 가맹점에서 사용할 수 있는 신용카드의 편리성을 동시에 갖추고 있어 최근 사용자가 1천만 명을 넘어설 만큼 좋은 호응을 얻고 있는 상품이다. 18살 이상이면 카드 발급이 가능해 누구나 손쉽게 가입이 가능하며, 포인트 적립 · 주요할인 · 놀이공원 이용 등 신용카드에만 있던 부가서비스를 그대로 제공하고 있어 젊은 층에게도 매력적인 상품이 아닐 수 없다. 신용카드와 마찬가지로 연말에 소득공제도 가능하다. 앞서 신용카드의 순기능과 역기능, 그리고 그에 따른 대안책은 없는지 얘기해봤다. 결국 신용카드가 자신의 인생에 득이 될지 해가 될지는 개인의 의지에 달려 있음을 명심해야 한다.

신용불량자 되는 길 미리 예방하자

소비욕구를 참지 못해 신용카드를 무분별하게 사용하다 신용불량자로 전락해 비참한 삶을 살아가는 사람들이 우리 주위에 많다. 그런 이들의 생활을 보며 '내가 설마…' 하는 생각을 가질 수도 있겠지만, 사람의 앞일은 예측이 불가능하다. 미리 자신의 신용을 관리하는 방법을 알아두는 것이 가장 안전하다.

우선 자신의 재무상태를 수시로 점검해볼 필요가 있다. 신용카드로 자주 현금서비스를 받는다거나, 신용카드 대금을 자주 제 날짜에 내지 못하고 자신에게 얼마의 빚이 있는지 모르는 경우는 재무상태에 적신호가 켜진 것이다. 빚을 독촉하는 전화가 자주 온다든지 빚 문제로 소송까지 간 상태라면 아주 심각한 상황이다.

스스로 체크하고 점검하는 습관이 필요하다. 자신의 신용정보를 더욱 정확하게 알고 싶다면 한국신용평가(www.creditbank.co.kr), 한국신용정보(www.mycredit.co.kr) 등의 홈페이지를 이용하면 된다. 단 신용조회율이 너무 잦을 경우, 의심을 받아 개인 신용에 좋지 않으므로 적절히 조회를 하는 것이 좋다.

대금연체를 최대한 피하기 위해서는 카드회사마다 연체회원을 대상으로 연 17~19% 금리로 대출이 가능한 대환대출이나 결제금액을 자유롭게 선택할 수 있는 리볼링결제를 이용하는 것도 한 방법이다.

무엇보다 아무리 힘들어도 사채는 절대 가까이 하지 말아야 한다. 보통 신용불량자가 되지 않기 위해 사채를 빌리는 경우가 있는데 이는 더 깊은 수렁으로 빠지는 길임을 잊지 말자.

카드는 하나면 족하다

여러 부가서비스 때문에 가입한 신용카드를 잘라버리지는 못하고 지갑에 넣어 다니는 사람들이 많은데 이는 신용불량자가 되는 지름길이다. 사용하지 않겠다고 생각하더라도 막상 들고 있으면 소비욕구가 생기는 것이 보통이기에 하나만 빼고는 모두잘라서 버리고 대신 하나를 몰아서 쓰자. 금융기관이 사용액이 많은 사람에게는 특별히 금리우대 등의 혜택을 지급하기 때문에 소비자들로서는 일석이조인 셈이다.

연회비와 수수료를 아껴라

연회비의 경우 적게는 수천 원에서 많게는 수만 원을 내야 한다. 얼마 되지 않는돈이라 생각하지 말고 가능하면 연회비가 면제되는 카드를 사용하자. 신용카드로현금서비스를 받을 때도 카드사별로 4~5% 차이가 나므로 수수료를 비교한 후에 사용하는 것이 필수다. 매달 납부하는 공과금의 경우 자동이체를 신청하면 1%의 할인과 각종 포인트 적립 혜택도 있다.

할인서비스, 포인트 챙기기

무심코 지나쳤던 카드사 홈페이지도 자세히 뜯어보면 돈이 보인다. 할인쿠폰과경품제공이 줄을 잇기 때문이다. 또한 인터넷이나 우편물로 받아보는 명세서와 함께 발송되는 무이자 할부와 무료쿠폰이 담긴 홍보물도 꼭꼭 챙겨보자. 어차피 소비자들이 내는 연회비에서 지출되는 것이므로 적극적으로 사용하지 않으면 자신만 손해다. 포인트도 돈이다. 대체로 0.1~5% 정도 적립되는데 당장에는 언제 다 모으나싶지만, 어느새 눈덩이처럼 불어 있는 포인트를 현금처럼 사용할 때 기쁨은 이루 말로 표현할 수 없다. 포인트 점수를 높이려면 특별 가맹점을 이용하라.

수수료 낮은 할부기간을 이용하라

신용카드로 물건을 구입할 때 우리는 주로 할부서비스를 많이 사용한다. 하지만이 속에 재테크 전략이 숨어 있다는 것을 모르는 사람들이 많다. 보통 할부로 물건을살 때 3~5개월, 6~9개월, 10~12개월로 구분을 많이 하는데 이때 할부기간의 구간별 마지막 기간을 선택하는 것이 유리하다. 즉 6개월 보다 5개월이 유리하고 10개월

보다는 9개월이 유리한 셈이다. 통상 기간이 길수록 수수료율이 높아지기 때문에 할부기간을 최대한 늘리면서 더 낮은 수수료율을 적용받는 방법도 있다. 3~6개월 할부의 경우 무이자 할부 혜택이 많기에 가맹점을 이용하는 것이 좋다.

비싼 물건을 구입할 때는 현금보다 카드 일시불이 좋다

금액이 큰 물품을 구입할 때는 현금보다는 신용카드 일시불이 유리하다. 현금은 구입 즉시 지갑에서 돈이 빠져나가지만, 신용카드 일시불로 구입한 경우에는 결제일까지 최고 53일 정도 현금을 보유할 수 있어 현금유동성이 생긴다. 이때 은행의 정기예금이나 단기성 상품에 예치한다면 그 기간만큼 이자 수익을 기대할 수 있다.

수수료율 비교하고 쓰자

3개월 할부 때 최저수수료율은 카드사마다 조금씩 차이가 있다. 어떤 신용카드가 가장 수수료가 싸고 비싼지 비교하며 쓰자. 대체로 은행계 카드가 전문계 카드사보다 수수료율이 낮은 편이다.

열심히 일한 당신,
연말에는 보너스받자

  '월급만 빼고 다 오르네.' 직장인이라면 누구나 공감할 법한 CF 속 광고 카피다. '유리 지갑'으로 통하는 봉급생활자들에게 송년회로 얼룩진 연말은 더 춥게 느껴지는 계절이기도 하다. 그러나 조금만 관심을 가지고 꼼꼼하게 챙긴다면 올 연말이 그리 춥지만은 않을 듯하다. 연말정산만 잘해도 적게는 수십만 원에서 많게는 수백만 원까지 소득공제를 받을 수 있는 기회가 남아 있기 때문이다.

  연말정산이란 1년간의 직장생활을 하며 세금을 필요 이상으로 더 낸 경우 이를 돌려받고 덜 낸 경우에는 더 내는 절차를 말한다. 그렇다면 연말정산에서 최대한 많은 돈을 돌려받을 수 있는 방법에는 어떤 것들이 있을까?

저축도 하고 세금도 환급 받자

일단 소득공제가 많이 되는 금융상품에 가입하는 것이 좋다. '저축도 하고 세금도 환급받는' 일석이조의 세테크이기 때문이다. 연말까지만 가입하면 소득공제 혜택을 누릴 수 있는 대표적인 금융상품으로는 연금저축과 장기주택마련저축을 추천할 만하다.

장기주택마련저축은 비과세와 함께 소득공제 효과까지 노릴 수 있는 상품으로 분기당 300만 원 한도까지 적립가능하며 매년 납입액의 40% 범위 안에서 최고 300만 원의 소득공제가 가능하다. 또 과거에는 부양가족이 있어야 소득공제가 가능했지만 이제는 그럴 필요가 없다. 공제한도가 불입액의 40%인 것을 고려할 때 소득공제 효과를 가장 크게 높일 수 있는 월 불입액은 62만 5,000원(연간 750만 원)이다. 현행 소득세율(8.8~38.5%)을 고려하면 300만 원을 소득공제 받을 때 돌려받을 수 있는 세금은 26만 4,000~115만 5,000원에 달한다. 하지만 장기상품이 대다수이기에 만기를 채우지 못하고 중도해지할 경우 다른 세금까지 부담해야 하는 단점을 안고 있다.

노후를 대비해 18살 이상이면 누구나 가입 가능한 연금저축도 추천대상이다. 매년 납입액의 의 100% 이내에서 최고 240만 원까지 소득공제 혜택을 받을 수 있기 때문이다. 자동차보험·암보험·종신보험을 일컫는 보장성 보험에 가입하게 되면 연간 납입한 보험료 중 100만 원까지 소득공제가 된다.

모기지론 상품을 통해 대출을 받을 때도 이자납입액에 대해 소득공제 혜택을 받을 수 있다. 근로소득자가 국민주택 규모 이하의 주택을 소유권 이전 후 3개월 이내에 주택구입을 목적으로 주택금융공사의 '모기지론'과 시중은행의 '장기모기지론'으로 만기 15년 이상인 주택담보대출을 받을 경우 이자 납입액에 대해 연간 1천만 원까지 소득공제를 받을 수 있다. 소득공제에 따라 1~2% 금리인하 효과가 있어 실질금리는 단기대출보다 오히려 낮다. 주택금융공사 모기지론은 국민·우리·제일·하나·신한 등 은행권은 물론 삼성생명 등 일부 보험회사에서도 취급하고 있다.

가족카드를 이용하자

신용카드와 직불카드를 소득공제에 적극 활용하는 것은 연말정산의 기본이다. 필요이상으로 카드를 쓸 필요는 없지만 소득공제를 받을 수 있는데 도움이 된다. 최고 500만 원까지 공제가 된다고 하니 이것 또한 짭짤한 세테크가 아닐 수 없다. 최근에는 전자화폐, 휴대전화 칩카드, 체크카드 같은 신종 결제수단들도 신용카드와 연말 소득공제 비율이 같으므로 잘 활용하는 지혜가 필요하다.

가족카드도 요즘 인기다. 과거에는 가족들 간에도 개인 명의로 된 신용카드가 따로 있었지만, 경기가 어려워지면서 가족카드 사용이 늘고 있다. 가족카드는 가족들 간에 카드를 여러 장 발급받아도 한 사람의 계좌를 통해 결제를 하므로 사실상 한 가족이 카드를 한 장만 사용하는 것과 마찬가지의 효과를 내는 상품이다.

카드 사용실적을 한데 모아 카드사들이 제공하는 각종 서비스와 연말 소득공제를 더 받으려는 이용자의 경우 가족카드가 훨씬 유리하다. 본인은 물론 배우자나 자녀가 사용한 카드 사용액도 소득공제에 포함된다.

그 밖에도 이점이 많다. 자녀들 용돈 관리에도 유용하다. 집에 대학생 자녀가 있다면 사용 한도를 설정해 가족카드로 용돈을 줄 수도 있다, 또한 한 카드사를 통해 부모가 자녀가 종류가 다른 가족카드를 발급받을 수 있어 연령대에 맞는 부가서비스를 직접 선택해서 사용할 수 있다. 또 카드사에 따라 가족카드 고객을 대상으로 부모가 재해로 사망했을 때 자녀에게 교육비를 지급하거나 연회비 면제, 금융상품 금리우대, 자녀 용돈카드 발급 등의 서비스를 제공하고 있다.

불경기에 가족 전체가 합리적인 소비를 원한다면 가족카드를 적극 이용해보자. 연말정산을 위해 영수증을 챙기는 것도 중요하다. 보험료는 연말이 되면 가입한 회사에서 우편으로 보내줘 괜찮지만 의료비의 경우 최근에는 안경·보청기 구입비도 소득공제에 포함되므로 영수증 관리가 필수다.

올 한 해 기부금을 낸 적이 있다면 이에 따른 영수증 챙기기도 빼먹지 말자. 무엇보다 한 해 동안 들어오는 영수증이 너무 많다는 것을 고려해야 한다. 연말에 영수증과의 숨바꼭질에 나서지 않기 위해서는 그때그때 파일을 만들어 월별로 정리해두는 습관을 들이자.

혹 연말정산이 끝난 뒤 뒤늦게 사라진 영수증이 발견되었다고 슬퍼하지 말기를. 다음해 5월까지로 정해져 있는 종합소득세 신고기간을 이용하면 추가공제가 가능하기 때문이다. 한 해 동안 열심히 일한 당신, 연말보너스 두둑이 받고 싶다면 연말정산의 기회를 놓치지 말자.

맞벌이 부부의 연말정산 훔쳐보기

어려운 경기 탓에 결혼 후에도 맞벌이를 원하는 사람들이 늘고 있다. 아무래도 돈을 버는 사람이 두 명인 만큼 소득공제 요령을 잘만 알아두면 더 많은 세금을 돌려받을 수 있다. 현명한 맞벌이 부부의 연말정산은 어떻게 이루어지는지 한번 훔쳐보자.

첫째, 맞벌이 부부가 연말정산을 할 때는 소득이 높은 배우자에게 소득공제를 몰아주는 것이 더 유리하다. 소득이 높아질수록 세율이 높아져 세금도 커지게 되어있어 소득이 높은 배우자에게 소득공제를 몰아주는 것이 좋다. 하지만 적용세율이 동일하다면, 소득이 많은 배우자라도 절세효과가 동일하게 나타나므로 적용세율이 어떻게 다른지 꼼꼼하게 살펴볼 필요가 있다.

둘째, 6살 이하 자녀 사교육비는 일단 따져보고 결정하자. 보통 남편의 급여가 더 많을 경우, 6살 이하의 자녀에 대한 기본공제는 남편이 받는 것이 더 유리하다. 그러나 6살 이하 자녀의 보육비용과 학원수강료가 연 50만 원 이하이거나 지출하지 않는 경우는 남편보다 부인이 추가공제(50만 원)를 받는 것이 더 유리하다.

셋째, 재산분할로 금융소득 종합소득세를 줄일 수 있다. 금융소득 종합과세가 부부합산제에서 개인별로 변경되었기 때문에, 증여세의 과세 범위를 넘지 않는 선에서 재산분할을 통해 금융소득 종합소득세 절세가 가능하다. 이에 1인당 연간 이자소득 4천만 원까지 재산 분할을 통해 절세할 수 있게 되었다. 특히 금융소득 종합과세의 경우, 이자수입 시기의 조절에 실패할 때는 연간 이자수입이 4천만 원을 넘을 수 있다는 점에 유의해야 한다.

연금만한 효자 없다

현재 국가가 국민의 기초적인 생활을 보장하기 위해 실시하는 공적 연금으로는 국민연금을 비롯해 군인연금·사학연금·공무원연금 등이 있다. 하지만 국민연금의 경우 최근 그 실효성에 대한 논란이 끊이지 않고 있다. 국민들의 노후를 보장할 목적의 공공연금인 국민연금이 향후 기금 자체가 바닥날 정도로 위기에 놓여 있는데다 기업연금은 아직 활성화되지 않아 정부만 믿고 있기에는 왠지 불안하다는 것이다.

한 여론기관에서 실시한 '노후 연금수령에 대한 기대'에 대한 설문 조사에서도 '정부가 보장한 금액 전부를 수령할 수 있을 것'이라고 답한 응답자는 15.5%에 불과했고, '보장액보다 적을 것'(47.4%), '매우 적을 것'(28.7%)으로 나타나 국민연금만으로는 결코 안전한 노후를 설계하기가 힘든 상황이다.

또 노후에 들어가는 돈도 만만치 않다. 가장이 55살에 퇴직해 기본생활비를 160만 원으로 줄이고 남성 평균수명인 72살을 기준으로 17년이라고 가정할 때 소요되는 비용이 3억 2,640만 원이라고 한다. 그 밖에도 혹 아파서 병원신세를 진다거나 갑자기 자녀들에게 쓸 돈, 우리나라 부모들은 자식들에게 유산을 남겨주고 싶어하기에 실제 들어가는 비용은 이보다 더 많을 것이다.

연금으로 저축과 돌발위험에 대비하자

이러한 점을 고려했을 때 공적연금이나 퇴직금의 부족한 부분을 사적연금으로 보충할 수 있어야 한다. 특히 사적연금 중에서도 미리 노후에 쓸 돈을 준비하는 저축기능과 돌발위험에 대비한 위험보장 기능을 동시에 갖춘 연금보험이 대표적인 상품으로 꼽힌다.

연금보험의 장점은 장기투자가 가능해 위험성이 상대적으로 낮으며, 중도에 보험료 투입비율 변경 및 펀드 적립금의 이전이 가능하다는 점이다. 일시납으로 보험료를 납입하다가도 여유자금이 생길 때는 중간에 추가불입이 가능한 것도 장점이다.

특히 여자의 경우 연금보험에 가입했을 때 더 많은 혜택을 받을 수 있다. 보통 여자가 남자보다 7살 정도 평균수명이 길다. 현재의 연금은 가입한 사람에 대해서만 생존 때 연금을 지급하게 된다. 혹 남자만 연금에 가입하게 되면 남자가 사망한 이후에는 여자 혼자 살아 있어도 더 이상 연금을 받을 수 없기 때문이다.

이와 함께 은행의 연금신탁도 눈여겨볼 만하다. 연금신탁은 연금보험과는 달리 기간을 정해 10년, 20년 식으로 지급하고 수익률도 높은 편이다. 매년 240만 원을 한도로 하여 연간적립금액의 100%를 소득공제 받을 수 있으므로 직장인에게 인기가 높으며, 자영업자가 유일하게 소득공제를 받을 수 있는 상품이기도 하다. 55살 이후 연금을 지급받을 때 세금우대 혜택도 받을 수 있어 더욱 매력적이다. 연금신탁과 연금보험 두 가지 상품의 경우 유사한 점도 있지만 서로 차이점도 있기 때문에 노후에 대비하고자 한다면 두 상품을 적절히 조합할 필요가 있다. 또 사고가 나거나 아프기 쉬운 노년기에는 필요할 때 언제든지 현금화할 수 있는 자산이 좋다. MMDA, MMF 그리고 종금사의 CMA 등이 이에 속한다.

수익률 높은 곳으로 가라

은행이 굴린 실적에 따라 돈에 차이가 나는 연금형 신탁의 경우, 수익률이 은행마다 천차만별이다. 그래서 연금형 신탁에 가입할 때는 은행별 수익률을 잘 따져봐야 한다. 혹 이미 가입은 했지만 수익률을 제대로 비교해보지 않았다면 각 금융협회의 인터넷 홈페이지를 통해 확인하고 수익률이 높은 곳으로 옮기는 것이 좋다. 단 상품에 따라 이전이 불가능한 것도 있으며, 중도해지에 따른 수수료를 물어야 하는 경우도 있어 확인이 필요하다.

TIP ■ 은퇴자금 마련을 위한 재테크

은퇴설계 지금 당장 시작하라

직장 생활 속에서 은퇴 시기가 점점 빨라지고 있다. 그래서 은퇴 설계 또한 빠르면 빠를수록 좋다. 지금 당장 은퇴 후 어떻게 자금을 굴릴 것이며, 어떻게 노년을 보낼 건지 계획을 짜보자.

수익 창출을 위해 노력하라

직장생활이 가능할 때 최대한 많은 자금을 모을 수 있도록 다양한 실천을 할 필요가 있다. 가능하면 맞벌이를 하고 시간이 허락한다면 투잡스(Two jobs)를 하는 것도 좋은 방법이다. 퇴직 이후에도 일을 할 수 있도록 자격증이나 전문기술을 배워두는 것도 좋다.

연금 · 보험을 적극 활용하라

안정적인 노후를 위해 미리 연금이나 보험에 가입해둘 필요가 있다. 개인연금 · 기업연금 · 종신보험 · 변액보험 등이 은퇴자금 마련에 안성맞춤이다. 보통 60살이 넘으면 생활비를 충당할 수 있는 돈이 매달 나오기에 최소생활은 가능하다.

건강으로 재테크하라

건강하지 않으면 아무리 많은 돈도 휴짓조각에 불과하다. 젊은 시절 많은 돈을 버는 것도 좋지만 건강체크는 반드시 하자.

멋진 노후를 원한다면
빨리 시작하라

한국은 2000년 이후 65살 이상 인구 비중이 7%를 넘어섰다. 즉 고령화 사회로 본격적으로 진입한 것이다. 실제 이 같은 추세라면 2019년 고령 사회(65살 이상 인구비중이 14% 이상), 2026년 초고령 사회(65살 이상 인구비중이 20% 이상)에 진입할 것이라고 전문가들은 진단한다. 이러한 급속한 고령화에 노후대비 설계의 중요성이 젊은층 사이에서도 관심의 대상이 되고 있다.

실제로 일찍이 자식만 믿고 노후설계를 하지 못해 비참한 노년을 보내는 이들의 모습을 독자들도 잘 알 것이다. 특히 요즘은 결혼 후에도 대다수의 자녀들이 부모를 모시지 않길 원하고 있는데다, 부모들 또한 며느리나 사위 눈치를 보며 함께 살기보다는 따로 살면서 노년기를 여유롭게 보내길 바라는 분위기가 지배적이다.

실제 대구시가 지난해 발표한 대구지역 노인 2천 명을 대상으로 한

'생활실태 및 요구조사' 결과에 따르면 응답자 중 927명(46.4%)이 '노후를 위해 별다른 준비를 못했다.' 고 답했고, 623명(31.2%)은 '자녀들이 자신을 모시고 살 것으로 생각한다.' 고 답했다. 특히 은행저축을 하거나 보험에 가입한 노인은 486명으로 24.4%에 불과해 별다른 노후준비를 하지 않은 채 자식에게만 의존하고 있는 것으로 나타났다. 비단 이것이 한 지역만의 일일까? 앞으로 이러한 사회적 분위기는 점점 더 뚜렷해질 전망이라 노후대비의 중요성은 더욱 커지고 있다.

5년 일찍 시작하자

그렇다면 사람들은 몇 살부터 노후 준비를 해야겠다는 마음을 가지는 것일까? 보통 20대에는 사회 초년생인데다 결혼자금 마련에, 30대에는 내 집 마련과 자녀양육 및 교육을 위하여, 40대에는 집을 넓히기 위해, 50대에는 자녀결혼을 위해서 돈을 벌고 지출하기에 바쁘다. 그러나 정작 가족들을 위해 살다 어느 날 문득 자신의 모습을 뒤돌아봤을 때 난 어떤 모습일까?

희끗희끗해진 머리카락과 함께 몇 푼 남지 않은 퇴직금만이 남은 전부는 아닐지. 슬픈 얘기지만 어쩌면 이것이 우리 아버지와 어머니의 자화상인지도 모른다. '나는 그런 노후를 보내고 싶지 않아. 삶의 여유를 즐기면서 전원 속에서 노년을 보내고 싶어.' 하고 생각한다면 지금 바로 시작하자. 노후대비를 위한 준비를.

늦었다고 생각할 때가 가장 빠를 때다. 빠른 노후대비는 또 그만큼 이득도 많다. 노후대비를 위해 사람들이 가장 많이 이용하고 있는 개인연금의 경우 연금을 받는 나이가 되었을 때 5년 일찍 넣은 사람과 5년 후에 넣은 사람이 매달 받는 연금 차이만 해도 엄청나다.

보험의 경우도 마찬가지다. 보험료는 보통 보험사고가 발생할 확률을 따져보고 보험료를 책정하기 때문에 나이가 많을수록 비싸게 책정한다. 사망보험이나 질병보험의 경우도 마찬가지다. 암보험료를 예로 들면, 25살에 가입할 경우 2만~3만 원이면 가입이 가능하지만, 40살에 가입하려면 이보다 3배 수준인 7만~8만 원을 내야 가입할 수 있다.

24달러가 2조 9천억 달러 된다

마지막으로 우리는 복리의 마력을 얘기하면서 맨해튼의 신화에 대한 얘기를 자주 하곤 한다. 1626년 피터 미누이트라는 사람이 24달러 정도(60길더)의 장신구와 물품을 인디언 추장에게 주고 맨해튼 섬을 샀는데, 만일 인디언 추장이 24달러를 복리가 적용되는 적금에 들었다면 지금 아마 2조 9천억 달러의 돈으로 불어났을 것이라는 얘기는 누구나 한 번쯤은 들어봤을 것이다.

노후준비에 있어서도 이러한 복리의 마력을 적용할 수 있다. 늦었다고 할 때가 가장 빠른 때라는 말이 있다. 가장 싼값으로 노후준비를 할 수 있는 기회가 아직 여러분에게 열려 있다.

지금부터 시작하는
세대별 재테크 플랜

D기업은 섬유업계에서 A기업과 어깨를 나란히 했던 잘나가는 기업이었다. 그러나 어느 순간부터 D기업의 매출이 A기업에 뒤쳐지기 시작했다. 회사 간부들은 여러 방안을 모색하며 다시 재기를 꿈꾸었지만 실적은 올라가기는커녕 자꾸 떨어지기만 했다. 결국 기업 내부에서는 외부인사를 초빙하면서까지 그 원인을 분석하기에 이르렀는데, 분석결과는 이러했다.

D기업과 A기업은 두 쪽 모두 매년 유능한 인재들을 뽑고는 있지만 그 관리에서부터 차이가 난다는 것이다. A기업의 경우 신입사원부터 경력사원에 이르기까지 처음 회사에 입사를 하면 그들의 능력과 관심도 등을 재분석한 후, 적재적소에 배치하는 것은 물론 능률향상을 위한 다양한 시스템을 마련하고 있던 것. 하지만 그에 반해 D기업은 면접 때 결정된 업무선택 이후에는 아무런 후속조치도 이루어지지 않고 있었다.

기업운영에서 유능한 인재들을 적재적소에 배치하는 문제는 참으로 중요하다. 자신이 관심을 가지고 즐겁게 할 수 있는 일을 맡았을 때 사람들은 종전보다 배 이상의 능률을 보인다. 기업과 마찬가지로 재테크에서도 개인의 특성을 고려한 상품을 선택하는 것이 무엇보다 중요하다.

주식이 오른다고 해서 모든 사람들이 주식을 사기만 해도 부자가 된다면 얼마나 좋겠는가. 하지만 현실은 그렇지 못하다. 모든 사람이 부자가 될 수 없듯이 모든 사람에게 똑같은 재테크가 통하는 것은 아니다. 개인의 취향은 어떤지, 현재 소득은 얼마나 되는지, 향후 노후계획은 무엇인지 등 자신이 처해 있는 상황에 따라서 재테크의 방법도 달라져야 한다. 그 특성을 고려해서 선택했을 때 우리는 성공적인 재테크를 할 수 있다.

세대별 특성을 고려하여 재테크하자

현대사회에서는 세대에 따라 살아가는 방식과 고민이 다르다. 일단은 지출과 수입이 다르고 자라온 환경도 다르다. 인터넷 세대인 20대는 이태백이라는 말이 대변하듯이 청년실업 문제가 심각한 현실 속에서 살아가는 이들이다. 그래서 어느 세대보다 일찍이 재테크에 관심을 가지는 세대이기도 하다. 사회에 첫발을 내딛고 처음 자신의 힘으로 돈을 벌어보기도 하고 사랑하는 사람과의 결혼생활에 희망이 부풀기도 하는 나이다.

30대는 재테크가 필수인 세대다. 결혼에, 집 장만에, 자녀양육과 교육까지, 돈 들어가는 곳이 한두 군데가 아니다. 그러다보니 다른 세대에 비해 가장 많은 투자기회를 확보하고, 위험을 기피하기보다는 고수익 자산에 공격적인 투자를 하는 세대다.

40대는 30대와 같이 필수불가결에 의해 재테크를 하는 세대는 아니다. 더 안정적인 삶을 추구하기 위해 재테크를 한다. 자녀의 결혼자금 마련이나 집을 더 넓히기 위해 또는 부부의 안정적인 생활을 위해.

50대는 직장에서나 자녀들에게서 은퇴를 하는 시기다. 안정된 노후 생활이 그들의 최대 관심사다. 물론 자식들에게 더 많은 유산을 물려주기 위해 일을 하며 노년기를 보내는 사람도 있지만, 앞으로는 많은 이들이 자신의 안정적인 노년기를 위해 준비해가는 모습이 주를 이룰 것으로 보인다.

전략적인 목표를 설정하라

사실 IMF 전만 해도 젊은 층에게 재테크는 큰 관심사가 아니었다. 안정된 직장생활이 보장된데다 50대까지 직장생활만 성실히 해도 퇴직금과 국민연금이 나오니 노후준비라고 할 것이 따로 없었다. 그러나 외환

위기 이후 평생직장 개념이 사라지면서 '재테크'는 젊은 세대의 가장 큰 관심거리로 자리 잡았다. 미혼자는 결혼자금, 기혼자는 주택자금 마련을 위해 목돈 마련에 나선 것이다.

젊은 시절부터 재테크에 나섰다면 첫 단추가 중요하다. 즉 돈에 대해 제대로 알아야 한다는 것이다. 우선 자신이 어떤 소비습관을 가지고 있는지부터 체크해보자. 돈을 쓰고, 모으고, 굴리고, 빌리는 것 모두가 처음부터 어떻게 습관을 들이느냐가 매우 중요하기 때문이다.

그래서 부모나 사회에서 만나는 사람에게 돈 관리에 대한 노하우를 배울 필요가 있다. 만일 이 첫 번째 단계가 잘되지 않는다면 전문가의 조언과 알짜배기 정보도 무용지물이 되기 십상이며, 요즘 연일 쏟아져나오는 신용불량자가 바로 자신의 모습이 될 수 있다는 사실을 명심하자.

첫 단추를 잘 꿰었다면 다음은 목표를 설정하자. 어떤 일이든 목표가 있고 그에 따른 밑그림이 그려질 때 실현 가능성이 그만큼 커지게 마련이다. 목표라고 해서 거창한 것이 아니라 자신의 재무상태를 점검해 보고 그에 따른 구체적인 계획을 세우는 것을 말한다.

'10억 만들기'라든지 '개인 사업을 하겠다.'는 식의 거창한 목표가 아니어도 좋다. '30대까지 3천만 원 모으기', '신용카드 안 쓰기' 등과 같이 작은 목표와 계획이라도 세운다면 이미 반은 성공한 것이나 다름 없다. 이런 기초적인 준비가 되었다면 이제 연령대별로 적합한 재테크 방법에는 어떤 것이 있는지 더 구체적으로 알아보자.

앞서도 얘기했지만 노후대비를 위한 자산형성을 하려면 자신의 연령, 재산상태, 월수입, 가족상황 등을 고려해 그에 맞는 포트폴리오를 짜야 한다. 개인의 편차가 있겠지만, 연령만을 고려한 몇 가지 포트폴리오 유형을 소개한다.

20대에서 40대 중반까지의 투자자라면 '시세차익중시형' 또는 '시세차익추구형'의 포트폴리오가 투자기간이 긴데다 실패해도 만회할 시간적 여유가 있기 때문에 적합하다. 시세차익중시형은 가격변동의 위험을 수용해 평균 이상의 수익률 달성에 목표를 두는 포트폴리오로 예금 · MMF 5%, 채권형 30%, 주식형 65%가 기본비율이다. 시세차익추구형은 원금손실의 위험을 회피하기보다 고수익을 위해 주식의 시세차익을 중시하며, 장기투자에 적합한 투자상품을 선정해 3~5년의 투자기간 동안 수익을 내고자 하는 포트폴리오다. 예금 · MMF 5%, 채권형 20%, 주식형 75%가 기본비율이다.

40대 후반에서 50대 투자자의 경우는 '이자 · 배당 및 시세차익절충형'의 포트폴리오가 유리하다. 예금 · MMF 10%, 채권형 50%, 주식형 40%의 기본비율로, 은퇴시기라는 점을 고려해 수익률 추구와 동시에 원금손실 위험 간의 균형을 맞춘 포트폴리오다. 이자 · 배당중시형보다 수익률이 높으나 원금이 깨질 가능성이 크다는 것이 단점이다.

60대 이상의 투자자라면 '원본중시형' 또는 '이자 · 배당중시형'의 포트폴리오가 좋다. 원본중시형은 원금 확보를 가장 중요하게 생각하기 때문에 안전하다는 장점이 있지만 수익률은 낮다. 이자 · 배당중시형은 원본손실을 피하는 데 집중하면서 노후생활자금 일부를 이자 · 배당에서 얻는 포트폴리오다. 원본중시형은 예금 · MMF 50%, 채권형 40%, 주식형 10%이며, 이자 · 배당중시형은 예금 · MMF 25% 채권형 50%, 주식형 25% 배분비율이다.

20대를 위한 재테크

목돈부터 만들어라

요즘 신문이나 방송을 보면 가장 많이 나오는 말 중에 하나가 '청년실업' '이태백' 이 아닐까. 낙타가 바늘구멍에 들어가는 것보다 더 힘들 정도라니 취업을 앞둔 20대의 심정은 오죽할까. 현실이 이러하니 취업난을 뚫고 사회에 첫발을 내딛은 사회초년생들이 대단해 보이는 것은 당연지사.

어렵게 취업을 한다 해도, 돈 쓸 데가 한두 군데가 아니다. 첫 월급 받았다고 가족들 선물 챙겨야 하고, 돈 번다는 이유로 후배와 동기들과의 술자리에서 계산은 당연 내 차지, 집에서도 은근히 경제적 독립을 바라는 눈치다. 취업만 하면 폼나게 살 줄 알았는데 더 쪼들리는 것 같다고 푸념하는 사회초년생들이 많다.

'젊어서 고생은 사서도 한다.' 는 옛말이 있듯이 흔히 20대에는 돈 버는 것보다 더 소중한 것들을 경험해볼 필요가 있다는 얘기를 자주 한다.

맞는 말이다. 다만 그 소중한 경험을 빌미로 미래에 대한 설계와 알뜰함마저 도외시해버린다면 그 수많은 경험이 어떤 의미가 있을까.

20대의 두 얼굴 '소비파, 실속파'

직장생활 4년차인 최모(28) 양은 쇼핑광이다. 남들보다 유행에 민감하고, 외모에 관심이 많은 터라 계절마다 유행하는 여러 벌의 옷을 사야만 직성이 풀리는 스타일이다. 회사나 집에서 스트레스가 쌓이는 날이면 어김없이 친구들과 쇼핑으로 푼다. 일주일에 한 번씩 피부관리를 받고 밥도 패밀리 레스토랑을 주로 이용한다. 최근에는 차도 한 대 구입했다. 이런 생활을 하다보니 한 달 월급만으로는 빠듯하다. 직장생활 4년차지만 현재 최 양의 개인자산은 0원. 신용카드 빚만 1,000만 원이 넘는다. 결혼할 때는 '집에서 알아서 해주겠지.' 하는 생각이 크다.

직장생활 3년차인 김모(29) 양은 미래에 작은 액세서리 가게를 차리는 게 꿈이다. 평소 액세서리 제작에 관심이 많던 그는 직장생활을 하면서도 '액세서리 디자이너'로 활동할 정도로 능력을 인정받고 있다. 몸이 좀 힘들긴 하지만 꿈을 위해 '투잡스족'을 자처했다.

부모님의 힘을 빌리지 않고도 30대 초반에는 어엿한 사업가로 변신하고 싶은 김 양은 현재 두가지 일을 통해 번 돈 중 50%는 매달 적금을 넣고 20%는 다른 곳에 투자했다. 돈을 모으는 속도가 좀 더디긴 하지만 그렇다고 남들처럼 복권이나 사면서 막연하게 대박 꿈을 좇고 싶지는 않다.

앞서 소개한 예는 현재 20대의 모습을 두 가지 유형으로 나눠본 것이다. 노후준비는 고사하고 지금 당장 쓸 돈도 부족하다며 흥청망청 소비만 좇는 '소비파'와 미래를 위해 더디지만 차곡차곡 목돈을 마련해가는 '실속파'. 물론 20대 모두가 이 두 가지 유형에만 국한되는 것은 아니다.

한 조사결과에 따르면 20대가 어떤 세대보다 가장 긍정적인 사고를 가지고 미래에 대해 낙관적이라고 한다. 즉 경제적으로는 예전 세대에 비해 비교적 여유로운 편이라 소비에서는 자유롭지만, 할인기간을 이용한다거나 쿠폰 등을 이용하고, 홈뱅킹이나 사이버트레이딩을 자주 이용하는 실속파로 양면성을 지니고 있는 셈이다.

20대를 얘기할 때 흔히 사람들은 흥청망청 쓸 줄만 아는 소비세대로만 바라보는 경향이 있다. 하지만 한 단면만을 보고 그들을 판단하면 큰 오산이다. 최근 들어 '안전추구형 재테크'를 선호하는 젊은 층이 증가하는 추세라는 전문가들의 전언이 이를 잘 방증한다. 즉 요즘 20대는 화끈하게 쓰는 만큼 화끈하게 투자하고 아낄 줄도 안다는 것이다.

첫 단추가 중요하다

20대는 재테크에서도 재산증식을 위해 따르는 위험을 감수하고자 하는 의지가 강한 반면, 수익성보다는 안정성 있는 상품을 선호하는 비율이 다른 세대보다 높게 나타나는 이면성을 함께 가지고 있다. 처음으로 경제활동을 시작하는 시기가 20대인 만큼 서툴지만 그만큼 재테크에 대한 관심도 높은 시기다.

사회에 첫발을 내딛은 20대에게는 첫 단추가 중요하다. 재테크의 첫 시작은 어떻게 하면 대박을 터뜨릴까가 아니라 돈의 지출방법을 익히는 일부터 시작해야 한다. 어차피 사회초년생이라 가진 돈이 없어 투자도 힘들겠지만 들어오는 돈을 어떻게 관리하느냐가 중요하다. '일단 쓰고 보자.'는 식으로 소비하고 남는 돈으로 저축하면 된다는 식의 생각으로는 평생 부자 되기 힘들다.

자신의 현재수입을 고려해 미리 20대의 지출계획을 짜고 중요한 일(결혼, 주택마련 등)에 대비해 계획을 세우는 습관을 들이자. 일찍부터 가계부 쓰는 습관을 들여 불필요한 소비를 막고, 효율적으로 돈을 쓰는 생활패턴을 익히는 것도 좋은 재테크가 된다.

종자돈 마련이 관건

처음 재테크를 시작하는 20대에는 재신증식보다는 종자돈 마련이 재테크의 주목적이 되는 것이 좋다. 특히 20대의 경우 아직 수입이 적고 일정치 않은 관계로 위험성이 적으면서도 현실 가능한 금융상품을 통한 재테크가 적합하다.

그중에서도 저축만큼 안전하면서도 확실한 재테크는 없다. 20대의 경우 자동차에 대한 관심이 상당히 높다는 통계조사가 있듯이 사고 싶은 것도 먹고 싶은 것도 많은 나이지만, 수입기반이 불안한 젊은 층에게 이보다 더 확실한 재테크가 없다는 것을 명심 또 명심해야 한다.

가능하다면 수입의 50%는 저축하는 습관을 들이는 것이 좋다. 직장인은 월급이 바로 급여통장에서 적금통장으로 자동이체될 수 있도록 신청해놓는 것이 유혹에도 이기고 시간도 절약하는 방법이다.

다만 저축을 할 때 분산투자가 중요하며, 적금가입에도 순서가 있다는 점을 잊지 말자. 주택이 없는 사람의 경우 적금상품 중에서도 돈을 모으면서 주택청약 자격을 부여받을 수 있는 특수목적 상품인 주택청약부금에 먼저 가입하는 것이 좋다. 다음에 비과세 · 세금우대 · 일반적금 순으로 가입하면 된다. 또한 은행의 정기적금 이외에도 앞에서 여러번 이야기 했던 적립식 펀드 상품에 일정비를 투자하는 것도 좋다.

그리고 저축은 한 개의 통장에 모든 돈을 예금하기보다는 분산투자하는 것이 좋다. 사람 일이란 갑자기 어떤 일이 닥칠지 알 수 없기에 때문에 여러 계좌로 만기일을 다르게 하는 등 분산투자를 하는 것이 중도에 해지하더라도 피해가 적다.

요즘과 같은 저금리 시대에는 이자를 많이 받는 것만큼 세금을 적게 내는 절세상품을 잘 활용하는 것도 중요한 재테크가 된다. 대표적인 비과세상품으로는 장기주택마련저축이 있다. '가장 완전한 탈세는 장기주택마련저축에 가입하는 것'이라는 말이 있을 정도로 그 효과가 크다. 연말정산 때는 최고 300만 원까지 소득공제도 받을 수 있어 일석이조다.

장기주택마련저축의 단점은 계약기간이 길다는 것이나, 만기가 길수록 비과세 혜택 또한 장기간 받을 수 있으므로 오히려 유리한 측면이 있다. 물론 기간이 너무 길어 중도에 해지할 일이 생겼을 때 피해가 있지 않을까 우려하는 사람들도 있을 수 있다. 하지만 걱정할 것 없다. 7년만 넘기면 그 이후에 중도해지를 해도 이자나 세금 면에서도 손해 보지 않는다. 단 은행마다 만기를 각각 다르게 운용하고 있는데다 금리적용 조건도 제각각이라 잘 따져보고 가입하는 지혜가 필요하다.

장기주택마련저축은 노후대비, 내 집 마련, 자녀교육자금 마련 등 다양하게 활용할 수 있어 한 사람 명의로 여러 개의 계좌를 만들어놓으면 오랜 시간이 흘러도 유용하게 사용할 수 있다. 결혼 후 주택마련을 위해서는 아파트를 청약할 수 있는 청약통장도 필수다. 부동산 경기침체로 당첨확률도 그만큼 높아졌다. 1순위 청약자격을 가지려면 2년 이상 걸리므로 일찌감치 가입해두는 것이 좋다.

자신의 몸값을 최고로 올려라

당장에 많은 돈을 버는 것도 중요하지만 미래를 준비하는 지혜가 필요하다. 그런 면에서 자신의 몸값을 올리기 위한 자기계발은 최고의 재테크다. 젊은 시절 돈을 아껴 쓰는 절약정신도 중요하지만 자신에 대한 투자 또한 소홀히하지 말자.

신용카드, 최대한 멀리하라

20대 신용불량자 수가 사회적 문제가 되고 있다. 수입은 따라주지 않는데 소비욕구가 강해 지출이 많다보니 생겨나는 폐해인 듯하다. 젊은 시절의 실수로 평생을 고생하고 싶지 않다면 신용카드를 최대한 멀리하자. 특히 스스로 카드사용을 자제할 자신이 없다면 신용카드를 아예 사용하지 않는 게 좋다. 대신 현금카드와 신용카드의 장점을 살린 체크카드를 사용하는 지혜를 가지자.

투잡으로 수입을 올려라

한 설문조사 결과에 의하면 직장인들 중 64%가 투잡스 경험이 있다고 한다. 'Two Jobs' 즉 두 가지 일을 한다는 의미의 투잡스족이 경기불황으로 인해 점점 늘어나는 추세다. 물론 아직 사회경험이 많지 않아 한 가지 일을 하기도 빠듯하겠지만 어느 정도 직장에서 자기 기반을 잡은 후라면 업무 외 시간을 이용해 다른 일을 해보는 것이 목돈 마련에 큰 도움이 된다.

자동차에 미련을 버려라

젊은 시절 자동차는 꼭 갖고 싶은 필수품 중 하나다. 하지만 매달 자동차에 들어가는 비용을 계산했을 때 갓 입사한 신입사원이 감당하기에는 너무 큰돈이다. 자동차만 산다고 해서 되는 것이 아니라 보험료라든지, 유지비 등 솔솔찮게 들어가는 돈이 만만치 않다. 불편함을 조금만 감수하고 차라리 그 돈으로 예금을 한다면 이후에 목돈을 만질 수 있을 것이다.

주식투자 분위기에 휩쓸리지 마라

젊은 혈기로 한 번에 많은 돈을 벌고 싶은 이들이 많을 것이다. 그런 20대에게 주식투자는 분명 매력적인 재테크다. 하지만 20대는 주식투자보다 미래를 위한 종자돈 마련이 더 중요한 시기라는 것을 잊지 말자. 주위에서 주식투자를 한다고 해서 부화뇌동 말고, 자신의 본업에 충실하자.

보험은 꼭 필요한 것만 가입하라

안정된 노후를 최대한 빨리 준비하면 좋지만, 자신의 처지는 생각지도 않고 무리한 보험가입은 오히려 역효과를 불러올 수도 있다. 지금 꼭 필요한 보험을 제외하고는 어느 정도 생활이 안정된 이후 가입해도 늦지 않다.

30대를 위한 재테크

▪ ▪ ▪ 목돈을 불려라

우리는 30대를 흔히 386세대라고 일컫는다. 80학번 이상의 60년대에 출생한 사람들을 의미하는 386세대라는 말 속에는 급속한 경제성장과 함께 암울한 정치환경을 겪어온 복잡한 우리사회의 아픔이 그대로 묻어 있다. 30대의 경우 대다수가 결혼을 하고 가정을 꾸리고 있는 나이라 가족과 자녀를 위해 안정적인 가정을 꾸리는 데 높은 관심을 가지고 있는 세대다.

물론 과거 우리 부모세대에 비해 자식에 대한 의존도는 낮은 편이지만 자녀가 1명 또는 2명인 경우가 많아 질 높은 자녀양육이나 교육을 요구하는 세대다. 그래서 돈도 그 어느 세대보다 많이 필요한 시기가 30대다. 보험가입률도 다른 세대에 비해 가장 높다는 것만 봐도 잘 알 수 있다.

맞벌이는 선택이 아니라 필수

자녀양육에 내 집 마련으로 수입보다 지출이 더 많은 시기가 바로 30대다. 그래서 요즘은 결혼상대를 선택할 때도 맞벌이가 가능한지를 꼭 본다고 한다. 어려운 경기 탓에 이제 맞벌이는 선택이 아니라 필수가 된 셈이다. 아무래도 둘이 버는 것이 수입이 많기 때문이다.

하지만 맞벌이를 한다고 해서 모두가 집을 일찍 마련하고, 풍요롭게 사는 것은 아니다. 수입이 늘어난 만큼 씀씀이도 커지는 것이 보통 사람들의 습성이기 때문이다. 밑 빠진 독에 물 붓기가 되지 않으려면 '선(先)저축·후(後)소비'의 원칙을 지켜야 한다. 부부의 수입을 고려해 출산과 주택마련에 필요한 저축을 먼저 들고 남는 돈으로 생활하는 것이 좋다. 단 자녀출산 후에는 육아비용으로 빠져나가는 돈이 만만치 않으므로 부부가 미리 출산계획을 세워두고 아기가 태어나기 전 집중적으로 재테크를 통해 돈을 모으는 게 유리하다.

목돈을 불려가는 것이 관건

30대의 재테크 방향은 20대에 마련해놓은 종자돈을 불려가는 방식이 되어야 한다. 하지만 은행의 정기예금만으로는 목돈을 만들기가 쉽지 않다. 지수연동 상품에 가입하고 일부는 우량주 중심에 투자하는, 이른바 안정성과 수익성을 동시에 고려한 투자 포트폴리오를 짜야 한다.

주식투자가 부담이 되면 소액으로도 투자할 수 있는 '적금식 투자'를 권하고 싶다. 적금식 투자란 매달 정기적으로 일정금액만큼의 펀드에 투자하는 것으로 매달 일정금액을 정해진 날짜에 넣는 은행의 적금과 비슷한 형식으로 이루어진다. 이 재테크의 경우 종자돈을 만들 때까지 주식투자를 기다리는 것이 아니라 소액으로도 목돈을 만들 수 있어 당장 큰돈을 들이지 않고도 미래에 목돈을 만질 수 있다는 장점이 있다. 또 적은 돈으로 여러 곳에 분산투자가 가능해 가격하락에 따른 위험도 적은 편이다.

당장에 많은 돈을 벌고 싶은 사람이라면 적금식 투자에는 맞지 않다. 오히려 당장에 목돈이 없거나 꾸준한 투자로 지속적인 수익을 얻으려는 사람이라면 한번 시도해볼 만하다. 대신 오랜 기간 주식시장이 하락하더라도 정기적으로 정해진 금액을 투자해야 효과를 볼 수 있다는 점을 잊지 말아야 한다.

30대의 재테크 최대목표는 '마이 홈'

대다수 30대의 가장 큰 희망은 내 집 마련에 있다. 그래서 30대의 재테크 방향 또한 자연스럽게 내 집 마련에 그 초점이 맞춰져 있다. 일찌감치 집의 규모나 위치 · 가격 등을 고려하고 있더라도 가장 큰 걱정은 집 장만을 위한 자금조달이다.

가장 빠르면서도 많은 돈을 조달해 내 집 마련에 성공할 수 있는 방법은 무엇일까? 우리는 여기서 3단계 로드맵을 그려볼 수 있다. 일단 청약통장에 가입해 아파트 분양을 받는 것이 중요하다. 그리고 장기주택마련저축과 같은 금융상품으로 목돈을 마련하고, 나머지 부족분은 모기지론처럼 장기간 싼 이자로 빌릴 수 있는 대출상품을 이용하면 된다.

그럼 내 집 장만을 위한 상품들에는 어떤 것이 있는지 더 구체적으로 살펴보자.

내 집 마련의 필수품 '청약통장'

예나 지금이나 '청약통장'은 내 집 마련을 위한 필수품이다. 청약통장이 있어야 아파트를 분양받을 수 있기 때문이다. 청약통장의 종류로는 청약저축 · 청약부금 · 청약예금의 세 가지가 있다. 각각의 통장에 따라 가입액수와 돈을 불입하는 방법, 청약할 수 있는 아파트의 종류와 평수가 다르다.

청약예금의 경우 아파트 평수를 정하고 거기에 맞는 일정한 목돈을 한 번에 넣고 일정기간을 채우면 1순위가 된다. 청약저축과 청약부금은 일정금액을 적금식으로 매달 불입하면서 기간을 채워야 한다. 자신의 소득과 가족 수, 자금계획에 따라 알맞은 통장에 가입하면 된다. 나중에 당첨이 되면 좋고, 혹 되지 않더라도 정기예금을 든다는 생각으로 만들 어두면 이래저래 도움이 된다. 청약통장에 가입을 해도 활용법을 잘 모르면 그만큼 내 집 마련의 속도는 늦어지게 마련이다.

청약통장 100% 활용 방법에는 어떤 것이 있을까? 첫 번째로, 5년 이상 본인이나 세대원이 한 번이라도 아파트에 당첨된 적이 없는 무주택 자로 만 35살 이상의 가구주라면 '무주택자 우선공급제도'에 따라 내 집 마련이 훨씬 유리하다. 이들은 전용면적 25.7평 이하 아파트의 75%를 우선하여 배정받는다. 여기서 아쉽게 탈락하더라도 한 번 더 청약할 수 있다.

두 번째, 20살 이상의 가족이 청약예금에 가입해 청약순위를 얻었다 면 같은 아파트에 각각의 명의로 신청하면 당첨확률을 높일 수 있다. 본래 한 사람이 여러 아파트에 신청하는 2중청약이 금지되어 있으나 2중 청약 여부는 청약자 본인을 기준으로 판단하기 때문이다.

세 번째, 청약부금의 경우 오래 전에 가입하고도 예치금을 계속 늘리 지 않고 월부금을 정해진 날에 납입하지 않으면 1, 2순위자가 될 수 없 거나 순위가 늦추어지기 십상이다. 꼬박꼬박 넣어야 제때에 1순위가 될 수 있다는 것을 명심하자.

네 번째, 보통 어렵게 당첨이 되고도 여러 문제로 인해 계약을 포기하 는 경우가 있다. 이런 경우에는 1, 2순위로 분양을 받았다고 해도 청약 통장 효력이 사라지게 된다. 경쟁률이 낮다고 무조건 청약하지 말고, 조금 시간이 걸리더라도 견본주택을 직접 방문하는 등 여러 조건을 따져 본 후에 자신에게 유리한 아파트를 골라 청약하는 것이 현명한 방법이다.

단기간에 마이 홈 꿈을 이룰 수 있는 '모기지론'

집값의 급등으로 대출 없이 개인이 보유하고 있는 순수 자기자금만으로 내 집을 마련하기란 하늘의 별따기가 되었다. 또한 자기자금만 모아지기를 목 빼고 기다리다가는 집값이 천정부지로 오를 수 있어 내 집 마련에서 대출은 필수가 되었다. 하지만 과거에는 대부분의 대출상품들이 상환기간이 짧고, 만기에 일시에 상환해야 하는 부담이 있었다.

하지만 2004년에 도입된 한국주택금융공사의 모기지론(장기주택자금대출)은 이런 부담을 덜어주고 있어 내 집 마련이 훨씬 쉬워졌다. 모기지론은 주택을 담보로 10년 이상 주택구입 자금을 빌려주는 대출금융제도로 집값의 70% 한도에서 최고 2억 원(2005년부터 3억 원 예정)까지 대출이 가능하다. 집값의 20~30%만 있어도 집을 장만할 수 있는데다 장기간에 걸쳐 원리금을 분할 상환할 수 있어 목돈 마련이 부담이던 돈 없는 서민에게 그만이다. 반면에 중산층과 서민층의 내 집 마련 촉진을 위해 마련된 제도인 만큼 투기방지를 위해 6억 원을 초과하는 고가주택은 대출대상에서 제외된다. 또한 무주택자 또는 1주택 소유자에 한하고, 안정적인 직장과 일정수준 이상의 소득이 있어야 하는 등 일정한 대출자격을 갖추어야 한다.

한국주택금융공사의 모기지론과 유사한 상품들은 제일은행이 국내 최초로 도입한 이래 지금은 사실상 대다수 은행들이 취급하고 있다. 이들 상품 간의 가장 큰 차이점으로는 주택금융공사의 모기지론은 고정금리대출인 데 반해 일반은행들의 모기지론은 변동금리상품이거나 고정금리와 변동금리가 혼합된 상품이라는 점이다. 현재기준으로 볼 때 대체로 일반은행들의 모기지론의 금리가 주택금융공사의 모기지론 금리보다는 상대적으로 낮은 편이다.

장기주택자금대출을 받은 근로소득자의 경우, 전용면적 25.7평 이하 주택을 구입할 때 15년 이상 장기대출을 받으면 매년 이자상환액 중 1천만 원까지 소득공제가 가능하다.

보험으로 노후준비 30대부터 시작하라

"보험이요? 물론 들면 좋죠. 노후준비 미리 하면 좋긴 하지만, 지금 당장에 여유가 없네요…. 아직 집도 마련해야 하고, 자식들 육아비도 만만치 않고, 부모님 용돈도 드려야 하는데."

30대는 그 어느 세대보다 지출이 많은 터라 보험가입의 필요성은 알지만 매달 빠져나가는 지출에 부담을 느끼는 이들이 적지 않다. 그러나 위험은 언제 닥칠지 모르기에 더욱 사전준비가 중요하다. 특히 가정이 형성되면 가장의 경제력 상실 및 사고발생은 가정에 더욱 큰 치명타를 안기게 된다. 특히 보험은 나이가 들수록 가입이 어려워지고 보험료도 비싸지기 때문에 조금이라도 나이가 적을 때 시작해야 한다.

소득의 6~8%는 위험관리 비용으로 책정하고 위험보장 및 연금지급 기능이 있는 종신보험이나 보장성 보험에 가입해두는 것이 좋다. 경제적 부담 때문에 종신보험이 어렵다면 종신보험과 비슷한 혜택을 받지만 일정기간만 선택해 보장을 받을 수 있어 가격이 저렴한 정기보험에 가입하는 것도 괜찮다.

연금보험 또한 젊을 때 준비하면 납입 금액이 많아져 상대적으로 받는 연금액이 많아지게 된다. 정기보험과 연금보험을 함께 가입하면 연 340만 원(연금보험 240만 원+보장성보험 100만 원)까지 소득공제도 받을 수 있다. 자식이 생기기 전이라면 위험관리를 위해 부부보장성 보험에 우선 가입해두는 것도 유용하다.

맞벌이를 하는 최 씨 부부는 최근 내 집 마련을 하면서 부동산을 공동명의로 등기했다. 처음 아내가 공동명의를 제안했을 때만 해도 남편 최 씨는 '혹시 나를 못 믿나? '나중에 이혼을 생각하는거 아냐?' 등의 생각으로 썩 내키지 않았지만, 막상 주위를 둘러보니 공동명의로 집을 계약하는 경우가 생각보다 많은데다 그에 따라 드러나는 문제가 특별히 없다는 것을 알게 되었다. 오히려 공동명의로 등기한 이후, 아내가 훨씬 자신의 일을 즐겁게 하는데다 세금도 줄일 수 있어 일석이조의 효과를 누렸다.

최 씨 부부와 같이 최근 이혼증가와 여성의 사회적 목소리가 커지면서 부부의 공동재산제에 대한 관심이 날로 높아지고 있다. 과거 대다수의 가정에서는 부동산이나 전세금, 예금 등을 남편의 명의로 하는 것을 당연하게 여겨왔다. 그러다보니 이혼후 남편이 일방적으로 집을 담보로 대출을 받거나 명의를 바꿔버렸을 때도 많은 여성들이 속수무책으로 당해야만 한 것이 사실이다.

무엇보다 부부가 결혼 후에 공동으로 형성한 재산이기에 공동명의는 당연한 것이다. 이러한 분위기에 편승해 여성부에서도 2005년부터 부부가 재산을 공동명의로 등기하거나 합의 아래 처분할 수 있게 하는 '부부 공동재산제' 도입을 추진 중이다.

재산을 공동명의로 했을 때 여러 가지 이점이 많다. 재산세·종합토지세에 대한 세율이 낮아지며, 집을 팔 때 내는 양도세에 대해서도 부부 지분을 따로 계산하므로 기본공제를 부부가 각각 받으면서 동시에 과세·세금률도 낮아져 공동명의가 유리하다. 무엇보다 배우자의 동의 없이 부동산을 담보로 제공할 수 없도록 되어있어 배우자 중 한쪽이 함부로 재산을 처분하지 못하게 되어 있다. 이혼을 하게 되더라도 아내의 재산형성 기여도를 인정해 남편 명의의 재산분할을 받게 돼 예전에 비해 정당한 몫을 찾을 수 있다.

앞서 얘기한 이점을 듣고도 절차가 복잡하지 않을까 고민하는 사람들도 있을듯한데 생각보다 절차가 어렵지는 않다. 부동산을 구입했을 때에는 서류에 부부의 인적사항을 각각 기재하면 되고, 아파트 분양 시에는 공동 명의로 분양받아야 공동 명의 등기가 가능하다. 이에 반해 이미 어느 한쪽의 소유로 되어있는 부동산을 공동 명의로 바꾸는 경우에는 별도의 취득세, 교육세, 등록세 등을 납부해야 하는데다 소유권 일부 이전 등기신청서, 국민주택채권매입필증, 등록세 영수필 확인서 및 통지서, 등기수입증지, 인감증명서, 주민등록등본, 신청서부본, 검인계약서, 등기필증 등을 지참하고 부부가 같이 신청해야 하는 번거로움이 있다. 이럴 경우 변호사나 법무사를 통해서 신청하는 것도 좋은 방법이다.

그러나 오히려 공동명의로 했을 때 불리해지는 부분도 있으므로 구체적으로 알아본 후 명의 신청 및 변경을 하는 것이 덜 번거로울 듯하다. 1가구 1주택 비과세 대상이거나 양도차익이 적은 경우에는 공동명의를 하지 않아도 된다. 또 공동명의는 증여 형식이기 때문에 증여 재산의 액수가 커 증여세 부담이 많은 경우는 공동 명의를 하면 안 된다.

40대를 위한 재테크

■ ■ ■ ■ 재산가치를 극대화시켜라

우리는 40살을 흔히 불혹의 나이라고 얘기한다. 불혹은 세상일에 정신을 빼앗겨 갈팡질팡하거나 판단을 흐리는 일이 없게 되었을 때를 말한다. 보통 사람들이 80살까지 산다고 했을 때 40살을 딱 절반인 나이기도 하며, 인생에 있어 절정기이자 성숙기다.

또 한국경제를 일으켜 세운 주역이기도 하지만 구조조정의 칼날에 가장 먼저 목이 날아가야 했고, 자녀들에게는 엄하고 보수적인 인기 없는 아버지가 바로 40대의 자화상이기도 하다.

하지만 여전히 40대의 막중한 책임은 그들의 어깨를 더욱 무겁게 만든다. 자녀들은 불쑥 커서 대학에 입학하거나 결혼을 앞두고 있어 교육비를 마련해야 하고, 집도 더 넓혀야 한다. 40대는 어느 정도 삶의 여유는 찾았지만 더 나은 생활을 위해 또다시 재테크에 뛰어들어야 한다.

40대의 재테크 방향은 30대에 모아놓은 목돈을 잘 굴려 재산가치를 극대화시키는 것이다. 물론 그렇다고 해서 한 번에 모든 걸 걸어서는 안 된다. 30대까지는 실패해도 재도전의 기회가 있지만, 40대에 실패하게 되면 자신은 물론 가족의 인생마저도 저당잡힐 수 있기 때문에 신중한 판단이 필요하다. 그동안 모아놓은 돈을 안전하게 지키면서도 잘 불려 나가야 한다.

40대 재테크의 첫 시작은 재산 지키기

40대에는 30대에 비해 좀더 적극적인 재테크를 펼칠 필요는 있으나 그에 앞서 먼저 새어나가는 재산을 지키는 것을 우선시해야 한다. 앞서 도 얘기한 것처럼 40대는 인생의 절반만을 온 것이기에 아직 살 날이 많 다. 안정된 노후를 보내기 위해서는 돈이 더 이상 새어나가지 않게 해야 한다.

그런 점에서 가장 먼저 나서는 문제가 바로 자녀들의 교육비다. 요즘 은 너나 할 것 없이 사교육에 열을 올리는데다 조기유학 열풍까지 불어 부모들의 허리가 휠 지경이다. 심지어 강남에 있는 일부 가정에서는 넉 넉한 소득에도 자녀의 과외를 늘리기 위해 엄마가 직접 아르바이트까지 하고 다닌다는 웃지 못할 얘기도 있다.

자식에게 더 질 좋은 교육을 시키고 싶은 것이야 어느 부모가 그렇지 않겠는가마는 언제까지 자식만을 위해 살 수는 없는 것아닌가. 이제는 자기를 위해 투자하자. 사교육비의 일부를 노후대비에 쓰자.

또 40대가 되면 자녀들도 어느 정도 자라서 집이 좁게 느껴지게 마련이다. 현재 있는 집을 늘리기 위해서는 큰 아파트에 들어갈 수 있는 주택 청약예금에 가입해두어야 한다.

청약예금에 1천5백만 원만 부어놓으면(서울, 부산 기준) 아무리 큰 평수라도 청약신청을 할 수 있다. 아울러 실직에 대비해 실업급여금이 지급되거나 건강까지 보장해주는 실직보험에 가입해두는 것도 괜찮은 방법이다. 물론 돈이 필요할 경우 언제든지 찾을 수 있는 금융상품이 좋다. 혹 여유자금이 있다면 창업까지도 염두에 둔 재산 부풀리기 전략을 짜야 한다.

재산가치를 극대화시켜라

40대가 되면 인생의 절반을 걸어온 동시에 앞으로 절반을 더 걸어가야 하므로 이후 40년여의 세월을 준비하는 시기가 되어야 한다. 이후 50, 60대가 되어서는 직장도 그만두고 수입 자체가 차단되기 때문에 40대에 최대한 많은 돈을 모아두어야 한다. 그래서 40대에는 좀더 적극적인 재테크가 이루어져야 한다. 수익을 낼 수 있다면 발품을 팔아서라도 가능한 한 모든 상품을 접해보는 것도 좋다.

우선 프리미엄이 붙은 신도시 주변 및 대단지 배후상가와 택지지구의 근린상가를 눈여겨볼 필요가 있다. 상권이 어느 정도 보장돼 있어 매물이 쏟아질 확률이 작기 때문이다. 특히 상가는 고정적인 월세수입이 있는데다 필요하다면 창업도 할 수 있어 두 가지 효과를 누릴 수 있다.

부동산 투자에 대한 경험과 정보력이 된다면 그린벨트 토지나 휴양지의 카페 등에 투자하는 것도 좋지만, 스스로 충분한 경험이 없다고 판단된다면 일찌감치 내 집 마련에 집중하는 것도 괜찮은 재테크 방법이다.

창업을 통해서도 재산증식이 가능하다. 물론 위험부담이 따르기는 하지만 '사오정'이라는 말이 나올 정도로 40대가 되면 언제 직장에서 잘릴지 모르는 위태로운 상황에 처해 있기 때문에 퇴직 이후에 할 수 있는 일을 미리 찾아볼 필요가 있다. 요즘은 직장인들 중 절반 이상이 창업을 꿈꾸고 있어 그 가능성은 더욱 무궁무진해지고 있다.

하지만 이러한 적극적인 재테크가 아무리 필요하다고 해도 원금마저 몽땅 날릴 위험이 있는 투자는 부담이 될 수 있다. 적극적인 투자가 부담스럽다면 지수연동 상품이나 간접투자, 그리고 필요할 때 우량주 위주의 직접투자를 고려해봄 직하다.

나에게 상속재산이 있다면

가끔씩 신문기사나 영화를 보면 예상치 못한 엄청난 상속금으로 벼

락부자가 된 사연이라든지, 사망한 부모의 숨겨진 재산이 뒤늦게 발견돼 형제들 간에 싸움으로까지 번지는 사연을 듣게 된다. 그리고는 상상해본다. 내가 그 엄청난 상속의 주인공이라면….

물론 부모가 미리 유산에 대한 배분을 하고 사망했다면 상관이 없지만, 예고 없이 갑작스럽게 사망할 경우는 재산정도를 온전히 파악하기 힘들다. 이럴 때 피상속인(사망자)의 예금 등 금융자산을 찾아내려면 우선 본인이 상속인임을 확인하는 서류를 가지고 금융감독원을 직접 방문해 신청하면 피상속인 명의의 모든 재산을 확인할 수 있다. 이때 개별 금융기관이나 금융협회보다는 금융감독원이 더 많은 정보를 얻을 수 있어 훨씬 유리하다.

내가 모르는 조상의 땅이 있지 않을까 한 번쯤 의심해봤다면 각 지자체에서 실시 중인 '조상 땅 찾아주기 서비스'를 이용하면 된다. 이 서비스의 경우 조상의 주민등록번호만 알고 있어도 전국에 소유하고 있는 땅 현황을 알 수 있어 편리하다. 혹시 모를 1% 가능성에 기대어 한 번쯤 확인해보는 것도 좋을 듯하다.

'사교육비' 마련에 허리 휘청

앞서도 얘기했듯이 사교육비가 갈수록 늘고 있다. 현 입시제도에 불만은 많지만 다른 아이들에게 뒤처지지 않기 위해 과외를 시키지 않을 수 없는 것이 부모의 마음이다. 초등학교 때부터 3~4개 학원을 다니는 것은 기본이다. 특히 부모가 40대가 되면 자녀가 고등학생으로 입시준비에 여념이 없거나 대학입학을 앞두고 있어 과외비에 대학등록금 마련까지 교육준비로 가계가 휘청거릴 정도다. 대학입학 전까지 들어가는 교육비가 1억 원이라고 하니 대학졸업까지 합치면 '헉' 소리가 날 정도다.

그렇다고 남들 다 하는데 안 시킬 수도 없는 노릇이다. 현재까지 국내에는 한 가지 예금가입만으로 교육비를 해결할 수 있는 상품은 없다고 한다. 그런 만큼 한 번에 마련하려 욕심 부리지 말고 미리 계획을 세워 아기가 태어날 때부터 조금씩 모아가는 지혜가 필요하다.

교육비 마련을 위해서는 비과세 금융상품이나 세금우대 상품에 가입하는 것이 좋다. 세금우대 금융상품의 경우 1인당 4천만 원까지 목돈 적립이 가능해 목돈을 모으는 데 유리하다. 비과세 금융상품으로는 장기주택마련저축이 가계 형편에 맞게 자유롭게 납입할 수 있는데다 비과세 혜택을 7년 이상 받을 수 있어 적절하다. 만약 자녀교육비가 부족하다면 은행권에서 취급하고 있는 정부지원 학자금대출을 활용하면 대출이자 부담을 최소화할 수 있다.

경기불황으로 언제 직장에서 밀릴지 모르는 불안감에 떠는 40대 직장인이 태반이다. 아예 명퇴를 하는 경우도 많다. 그러다보니 불안한 직장보다는 안정적인 수입원을 가질 수 있는 창업에 고개를 돌리는 40대 샐러리맨들이 늘고 있다. 즉 40대가 '명퇴 창업시장'의 주역으로 떠오르고 있는 셈이다.

2005년에는 리모델링 창업이나 업종 변경 등을 통해 최대한 저렴하게 할 수 있는 창업이 쏟아질 것으로 보인다. 창의력, 교육 관련 사업, 건강·오락 관련 사업, 생활 밀착형 사업 등을 중심으로 선전이 예상되며, 인터넷 쇼핑몰 등 적은 돈으로 창업이 가능한 업종이 인기를 끌 것으로 보인다. 소호형 사업, 주말을 이용한 투잡스 업종, 배달 및 대여 위주의 사업 등도 창업수요가 꾸준해 내년에도 여전히 기대되는 업종이다.

창업컨설팅사이트 '창업 오케이 닷컴'(www.changupok.com)이 40대 명퇴자 중 창업희망자를 대상으로 한 조사결과에 따르면, 53%가 안정된 수입이 보장되면서도 위험부담이 적은 프랜차이즈 체인점을 선호했으며, 독립 창업을 원한다는 사람은 23%에 불과했다.

일단 창업을 하려면 자금이 필요하다. 돈을 빌리지 않고도 창업자금이 마련되어 있다면 좋겠지만, 여유자금이 충분치 않다면 주거래 은행을 정해 대출을 보장받고 한도를 높이는 노력이 필요하다. 돈에 일부 여유가 있다면 MMF 등의 단기상품에 투자해 운용하는 것도 좋다. 단 위험자산에 투자하는 것은 금물이다.

또 현실에 떠밀려 별다른 준비도 못한 채 '얼렁뚱땅' 창업을 하는 경우가 있는데 이는 실패로 가는 지름길이다. 미리 오랜 기간을 두고 자신의 적성·재정 등을 고려해 창업분야를 정해야 한다.

하지만 창업의 경우 아무리 기초 계획을 튼튼히 세워도 변수가 생길 수 있다. 그런 만큼 다른 사람에게 빌리는 돈이나 은행대출을 최소화시키는 것이 좋다. 창업에 도전했다가 퇴직금은 물론 전 재산을 몽땅 날리고 나이 40줄에 가족과 함께 거리로 내몰린 사람들의 모습을 본보기로 내실 있는 준비 작업을 거쳐 시작하자. 또 검증되지 않은 업종은 손을 안 대는 것이 좋고, 반짝 상품은 경계해야 한다.

50대를 위한 재테크

■ ■ ■ ■ 분산투자하라

50대는 활력적으로 살던 30, 40대를 지나 노년기에 본격적으로 접어드는 시기다. 직장도 퇴직할 무렵이라 우울증에 빠지기 십상이다. 이런 때일수록 이 시기를 인생의 제2의 전환기라 생각하고 남은 20~30년의 세월을 어떻게 보낼 것인지 계획을 짜보는 것도 좋을 듯하다.

구체적인 노후준비를 하자

50대는 구체적인 노후준비를 해야 하는 시기로 은퇴를 대비에 연금 상품 비중을 높일 필요가 있다. 노후준비에 가장 적합한 금융상품은 개인연금저축이다. 은행의 개인연금신탁과 신개인연금신탁은 이자소득세(16.5%)가 면제되고 연간불입액의 40%(최대 72만 원)를 소득공제받을 수 있다. 무엇보다 명예퇴직 등 직장을 그만두고 중도해지하더라도 큰 손실이 없다.

앞서 설명한 개인연금저축에 가입하지 않은 사람이거나 이미 가입해 저축 중인 사람도 연금저축에 가입하는 것도 좋은 방법이다. 개인연금 저축만큼의 비과세 혜택은 아니지만 이자소득세율 15.4%보다 낮은 4.4% 세율만 적용받을 수 있으며, 은행의 연금신탁은 납입액 기준으로 매년 240만 원까지 소득공제가 가능하다.

자녀들도 이맘때가 되면 대부분 결혼을 시킨 상태라 집도 넓은 공간 보다는 부부가 함께 살기 좋은 곳으로 옮기는 게 좋다. 그리고 남는 돈 으로 구체적인 자산관리를 해야 한다. 이 시기에 여유자금이 있다면 직 접투자를 하기보다는 간접투자를, 그리고 제2금융권 상품을 통해 그동 안 있던 자산을 관리하는 방향의 재테크가 적합하다.

일단 이 시기에는 어떤 일을 시작하기가 부담스러울 수 있으므로 목 돈을 맡겨두고 일정액의 생활비를 받아쓸 수 있는 금융상품이 좋다. 장 기간 안정적인 이자수입을 원한다면 은행권의 후순위채권이 유리할 수 있다. 그리고 여유자금 전부를 1년 만기 정기예금 등에 예치하고 그 한 도 안에서 마이너스 대출을 사용하는 것도 한 방법이다. 이는 유동성과 수익성 면에서 이점이 있는데, 마이너스 대출금을 사용하는 날짜만큼만 이자를 부담하면 되고, 정기예금은 따로 1년치 이자를 다 받을 수 있기 때문이다.

부동산 투자에서는 절대적으로 편하고 안전한 방법을 택하는 것이 좋다. 그런 면에서 임대용 부동산이 유리하다. 가격상승 폭은 작지만, 관리가 편하고 언제라도 처분이 쉽기 때문이다. 단 점포에 투자할 때는 사는 곳 주변의 상권을 파악해 투자할 가치가 있는지 없는지를 먼저 파악하는 것이 필요하다.

퇴직금으로 자산을 관리하라

요즘은 40대에 퇴직하는 직장인이 늘고 있다. 그런 면에서 50대에 퇴직할 수 있다는 것은 어찌 보면 불행 중 다행이라고 할 수도 있다. 퇴직을 하게 되면 직장생활을 하며 고생한 대가로 퇴직금을 받는다. 퇴직금을 받자마자 목돈 생겼다고 흥청망청 쓰거나 주식에 투자해 모두 날려버린다면 남은 노년은 한마디로 고달파진다. 즉 퇴직금은 남은 노년생활을 잘 영위해가는 데 생활비이자 투자금이므로 체계적인 관리가 필요하다.

우선 퇴직금을 당분간 안전한 금융기관에 맡겨두는 것이 좋다. 금융기관에 예치할 때는 가족 명의로 분산하여 세금우대 혜택을 극대화하여야 한다. 퇴직 후에 생활비 충당이 급하다면 목돈을 맡기고 정기적으로 생활비를 받아쓸 수 있는 상품들을 찾아볼 필요가 있다. 노후연금과 금융채, 정기예금 등이 이런 상품들이다.

또 즐거운 노년기를 보내려면 일단 건강해야 한다. 50대가 되면 각종 위험과 질병에 노출되기 쉽다. 나이가 들어가면서 병원신세를 질 가능성도 커지니만큼 보험을 미리 들어둘 필요가 있다. 연금보험은 위험보장과 저축기능을 동시에 만족시키는 보험이 노후자금 마련에도 적합하고 재테크 효과도 크다.

실버보험도 50대에 접어든 사람들이 적극 고려해야 할 보험이다. 실버보험은 연령제한으로 보험가입이 어렵던 50살 이후 고령자가 건강검진 등 복잡한 절차 없이 가입할 수 있다. 보험료도 매달 2만~3만 원으로 저렴한 편이다. 상해나 질병·치매 등으로 간병이 필요한 경우 간병비를 받을 수 있고 심장질환이나 당뇨병 같은 노인성 질환으로 입원했을 때는 입원비와 수술비도 지원받을 수 있다.

　50대에 들어선 이들에게 가장 강조하고 싶은 것은 안전한 자산관리다. 수 십 년간 힘들게 번 돈을 한 방에 날리지 않으려면 첫째도 안전, 둘째도 안전이 중요하다. 안전한 투자를 위해서는 간접투자에 목숨을 걸어야 한다. 은퇴 후 추가수입이 없는 상황에서 투자를 했다가 실패를 보게 되면, 금전적인 손해도 문제지만 화병을 얻어 힘든 노년을 보낼 수도 있기 때문이다.

　이런 50대가 안전하게 투자할 수 있는 상품으로 '원금보존형 펀드' 가 추천할 만하다. 원금보존형 펀드는 투자금 대부분을 채권 등 안정자산에 투자하고 채권에서 발생한 이자 범위에서만 주식에 투자함으로써 상대적으로 안전성이 보장된다. 원금보존 장치를 원하면서도 물가상승을 고려해 마이너스 금리인 은행예금에 만족하지 못하는 50대라면 가입해볼 만하다.

　특히 원금보존형 펀드의 일종인 차익거래형 펀드는 위험이 없는 자산에만 투자해 주식시장이 침체되어 있을 때도 원금보장을 도모할 수 있다. 원금보존형 펀드는 가입 금액이 500만 원 이상이며, 투자기간이 1년이다. 중도환매는 할 수 있지만 1년 이내 환매할 때에는 환매수수료가 징수되기 때문에 반드시 1년 이상 운용할 수 있는 여유자금으로 투자하는 것이 유리하다.

60대를 위한 재테크

■ ■ ■ ■ 안정적인 노후를 위하여

얼마 전 한 신문에 소개된 60대 할아버지의 경우, 나이는 숫자에 불과하다는 생각으로 멋진 노년기를 보내고 있다. 대부분의 노인들이 은행예금에만 의존하는 것과는 달리 이 분은 60살의 나이에도 재테크를 생활화하고 있었다. 매일같이 경제신문과 인터넷을 꼼꼼히 살피며 금융정보를 얻는 것이 이미 습관화되어 있다고 한다. 현재 그 분은 주식과 채권, 부동산 등에 자신의 재산을 골고루 분산해 투자해놓은 상태다. 그렇게 하면 한쪽에서 수익률이 하락하더라도 한쪽에서만은 보전할 수 있다는 것이다. 철저히 재테크의 원칙을 고려한 투자를 하고 있는 셈이다.

'나이는 숫자에 불과하다', '인생은 60부터다'. 최근 자식들 결혼만 시키고 나면 외롭게 노년기를 보내는 사람보다 새로운 자신의 인생을 찾아가는 사람들이 늘고 있다. 그런 사람들을 보고 과거에는 주책이라고 욕하는 사람들도 있었지만, 요즘은 오히려 멋진 노년기를 보내는 사람들이 부러움의 대상이 되고 있다.

돈을 안전하게 지키자

60대 이후에는 돈을 최대한 안전하게 투자해야 한다. 재테크의 목적 자체가 안정된 노후를 위한 것이기 때문이다. 그래서 60대 이후에는 분산투자가 필요하다. 돈이 많다고 해서 한 곳에만 투자했다가 혹 실패라도 했을 경우에는 비참한 노년기를 보내야 한다. 그렇다고 젊을 때처럼 일을 해서 돈을 벌기도 힘든 상황이지 않나.

재테크를 할 때 방향성을 예측하기 힘들 경우에는 목표수익률을 낮춰잡고, 직접투자보다는 펀드 등을 통한 간접투자로 분산하는 것이 좋다. 고령자에 대한 각종 혜택을 충분히 활용하는 것도 큰 도움이 된다.

60살 이상만 되면 가입이 가능하고 세금이 없는 비과세 생계형저축이 적당하다. 더 높은 금리의 상품을 원한다면 은행의 후순위 채권, 하이브리드 채권에 투자하는 것도 괜찮다. 후순위 채권과 하이브리드 채권은 발행기간이 5년(하이브리드 채권은 10년) 이상이지만 금리가 연 5~8% 수준으로 높으며 매달(또는 3개월 단위) 이자를 지급받을 수 있다.

역모기지론으로 남은 여생 편안하게

젊은 시절 가정과 자녀들을 위해 돈을 벌고 쓰다보니 나이가 들어서 정작 자신의 노후준비는 제대로 못 해 비참한 노후를 보내는 사람들이 있다. 이러한 사람들에게는 '역모기지론'을 추천하고 싶다.

모기지론은 많이 들어봤지만 역모기지론은 처음 들어본다는 사람들도 있을 것이다. 역모기지론은 이름 그대로 모기지론의 반대 의미다. 은퇴한 노인들의 안정된 노후생활 보장을 위해 도입된 금융상품으로 집 한 채 외에 별다른 수입 없이 생계를 꾸려가야 하는 노인들이 집을 담보로 맡기고 1~3달 간격으로 연금형태로 생활비를 지급받고, 사망하면 금융기관이 집을 처분해 그동안의 대출금을 상환받는 형태를 말한다.

특히 역모기지론은 연금형태로 지급받기 때문에 실질 이자부담이 적고, 금리 면에서도 효과적이다. 또 원리금만 갚으면 집을 보존할 수도 있다. 나이가 들수록 자금관리가 힘들어지는 노년기의 특성을 고려해 정해진 일정에 따라 생활비 등을 지급하므로 관리가 편리하고 큰 노력이 들지 않는다는 장점이 있다. 그러나 우리나라 사람들의 경우 집에 대한 애착이 너무 강한데다 세제 혜택이 아직 없어 활성화 되지는 않고 있다.

또 최근에는 부모를 부양하는 책임은 도외시한 채 집을 상속받으려는 욕심에 노부모의 역모기지론 신청을 막는 사례도 있다고 하니 참으로 안타까운 현실이다.

상속은 미리 준비하라

한국인의 평균수명이 남성은 73.4살, 여성은 80.4살로 늘어났다고 한다. 하지만 60살이 넘으면 언제 죽을지 모르는 위험에 미리 대비해야 한다. 특히 재산의 상속과 증여에 대해서는 어느 정도 활동성과 계획성이 보장될 때 적극적으로 준비해두는 것이 좋다.

우리나라 부모들은 자식들에게 조금의 재산이라도 물려주기 위해 고령에도 불구하고 일을 손에서 놓지 않는 경우가 많다. 가끔은 철없이 구는 자식이 매정하게 느껴져 어렵게 모은 돈을 통째로 주는 것이 화가 날 때도 있지만 그것도 잠시뿐이다.

이왕 물려줄 생각이라면 재산은 물려주되 세금은 최대한 적게 나오도록 미리 준비하는 작업이 필요하다. 미리 준비한 경우와 그렇지 않은 경우 상속세액이 최고 60%가량 차이가 나기 때문이다.

보통 우리나라 부모들의 경우 자녀에게 증여할 생각으로 자녀명의의 예금에 드는 경우가 많은데, 예금액이 증여세 공제한도를 넘지 않으면 증여세를 내지 않아도 되지만 넘을 경우에는 증여세를 내야 한다는 것을 명심해야 한다. 부모가 자녀에게 증여할 때 증여세를 면제받을 수 있는 공제액은 과거 10년 동안 증여액 기준으로 성년 자녀는 3천만 원, 미성년 자녀는 1,500만 원이다. 즉 자녀명의로 예금할 때는 자녀가 성년인지 미성년인지를 따져 가급적 증여세 공제한도를 넘지 않도록 부모가 미리 조절하는 것이 필요하다. 단 사후증여할 생각이 아니라 세금우대 혜택을 받기 위해 자녀명의로 예금을 한 경우에는 증여세 대상이 되지 않으니 안심해도 된다.

KI신서 660
3년을 꿰뚫어보는
대한민국 재테크 키워드

지은이 | 박정일

1판 1쇄 발행 | 2005년 1월 20일
1판 2쇄 발행 | 2005년 1월 25일

펴낸곳 | (주) 북이십일
펴낸이 | 김영곤
기획 | 한성출판기획(www.ibook4u.co.kr)
책임편집 | 박종운 · 김성수 · 김성수 · 유소영
영업마케팅 | 정성진 · 안경찬 · 이종률 · 김진갑 · 이희영 · 박진모 · 이연정 · 박창숙 · 유정희
관리 | 이인규 · 김용진 · 이도형 · 고선미
제작 | 강근원 · 이영민
표지 및 본문 디자인 | 피앤피 디자인(02-325-9166)

등록번호 | 제10-1965호
등록일자 | 2000년 5월 6일

주소 | 경기도 파주시 교하읍 문발리 파주출판문화정보산업단지 500-11 2,3층(413-756)
전화 | 031-955-2100(영업), 031-955-2121(기획 · 편집)
팩스 | 031-955-2151
E-mail | book21@book21.co.kr
홈페이지 | http://www.book21.co.kr

값 12,000원
ISBN 89-509-0726-7 13320